남승무원 출신 저자가 전하는 항공과 입시,
승무원 취업 그리고 승무원의 미래

미소 짓는
스튜어드

남승무원 출신 저자가 전하는 항공과 입시,
승무원 취업 그리고 승무원의 미래

미소 짓는 스튜어드

초판인쇄 2018년 9월 14일
초판 2쇄 2019년 1월 11일

지은이 고민환
펴낸이 채종준
기 획 이아연
디자인 김예리
마케팅 문선영

펴낸곳 한국학술정보(주)
주소 경기도 파주시 회동길 230(문발동)
전화 031 908 3181(대표)
팩스 031 908 3189
홈페이지 http://ebook.kstudy.com
E-mail 출판사업부 publish@kstudy.com
등록 제일산-115호(2000. 6. 19)

ISBN 978-89-268-8534-5 03040

남승무원 출신 저자가 전하는 항공과 입시,
승무원 취업 그리고 승무원의 미래

미소 짓는
스튜어드

고민환 지음

이담
Books

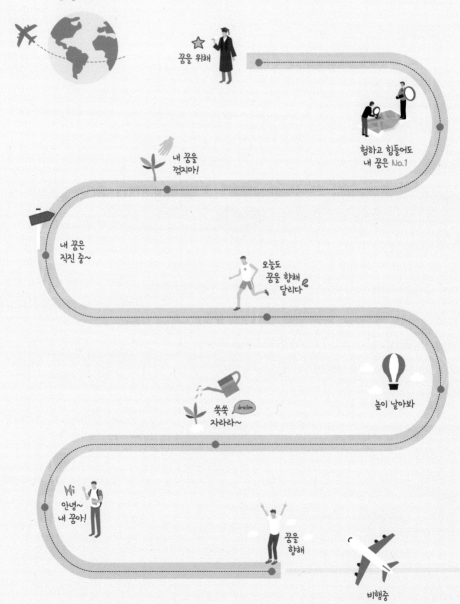

날아라
내 꿈~⭐

지금, 이 순간 항공사 객실승무원의 길을 택한 후 어떻게 준비해야 할 지 몰라 지친 대한민국의 남녀 승무원 지망생들에게 말해주고 싶다. '승무원이 되는 법을 바로 이 책에서 찾아라!'고. 뜨거운 열정을 가진 한 남승무원의 과거, 현재, 미래가 담긴 이 책은 객실승무원의 꿈에 더욱 빨리 다가갈 수 있는 지침서가 될 것이다.

- 경북전문대학교 항공운항서비스과 이길자 교수

우리에게는 이루고 싶은 승무원의 꿈이 있다. 그 꿈을 실현 가능한 현실로 만드는 방법은 바로 이 책에서 던지는 질문을 통해 스스로 답변할 실력을 쌓는 것이다. 이 책이 전국 예비 승무원에게 선한 영향력이 되기를 기원한다.

- 인천재능대학교 항공운항서비스과 권도희 교수

이 책은 승무원을 꿈꾸는 1,000여 명의 승무원지망생들과의 인터뷰를 통해 그들이 가장 궁금해하는 점을 속 시원하게 알려주는 지침서이다. 무엇보다도 남승무원 준비생들을 위해 남승무원 출신 교수가 쓴 책이다. 더불어 남승무원뿐만 아니라 여승무원을 준비하는 지원자들에게도 현실적으로 큰 도움이 될 것으로 기대한다.

- 호남대학교 항공서비스학과 박연옥 교수

이 책은 외항사 스튜어드로 근무했던 저자의 스토리이자 승무원 지침서다. 저자가 경험한 스튜어드 준비과정과 학생들을 지도하면서 경험했던 실제적인 내용들을 흥미로운 스토리텔링으로 전달하고 있다. 이 책의 중심 키워드는 '오픈 마인드'와 '미소'로 요약된다. 더불어 항공승무원을 준비하는 많은 젊은이에게 글로벌시대에 맞는 삶의 태도를 배우는데 유용한 내용을 담아냈다. 기존에 많이 출간되었던 스튜어디스 책들 보다 상대적으로 찾아보기 힘든 스튜어드를 대상으로 출간되는 이 책을 통해, 참신하고 가치 있는 정보들을 발견할 수 있으리라 기대한다.

- 장안대학교 항공관광과 김종국 교수

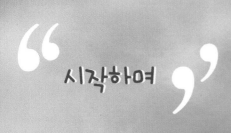
"시작하여"

한 남학생으로부터 이런 메시지를 받은 적이 있다.

"교수님, 스튜어드가 되려면 S.K.Y 정도는 나와야 한다는데, 정말인가요?"

전국에 항공사 승무원과 관련된 2년제, 4년제 대학은 약 80여 개, 승무원 양성 학원은 100여 개 이상으로 추산되지만. 거의 모든 교육기관이 스튜어디스 양성을 기본으로 한다. 소수 인원의 남학생을 모집하고 있지만, 말 그대로 '소수'이기 때문에 교육내용도 스튜어디스 지망생 위주로 치우쳐 있다. 상황이 이러니 스튜어드 지망생들 사이에서 온갖 '카더라통신'이 난무하는 것은 당연하다. 이들은 정보를 얻을 곳이 없다. 현직 스튜어드가 드물기도 하고(특히 우리나라에선), 수많은 승무원 관련 서적 중 '스튜어드'에 대한 내용을 다룬 책도 없기 때문이다. 이것이 내가 집필을 결심한 이유이기도 하다.

10여 년 전, 내가 스튜어드를 준비하던 시절엔 지금보다 상황이 더 심각했다. 국내 항공사에선 스튜어드를 아예 채용하지 않아 외국항공사(이 책에서는 '외항사'로 표기했다)로 갈 수밖에 없었다. 말이 쉽지 유학은커녕 갓 제대한 20대 중반의 청년이, 불모지나 다름없던 스튜어드를, 그것도 타국에서 해보겠다고 버텼던 시절은 글 몇 줄로 절대 설명할 수 없다. 스튜어디스 지망생들 틈에서 기약 없는 기회를 기다리고,

아무도 묻지 않은 답변을 허공에 대고 말하며 느꼈던 불안감은 우리 남자들만 알 것이다. 나의 후배와 제자들은 이런 감정을 느끼지 않았으면 한다.

이 책은 내가 스튜어드 지망생 시절에 했던 고민과 실수, 그에 대한 해답. 현재 취업 컨설팅과 대학에서 강의를 하며 느낀 점, 승무원 지망생이 궁금해 하는 문제, 그리고 현직 승무원들의 이야기와 조언 등을 총망라했다고 할 수 있다.

책을 쓰기 위해 1,000여 명이 넘는 승무원 지망생을 직접 만났고, 유튜브, 블로그, 각종 SNS를 활용해 현직 승무원 및 승무원 지망생들과 소통을 시작했다. 그 덕에 내가 운영하는 〈미소 짓는 승무원〉 카페의 회원 수는 1년 만에 8,000명으로 늘었다. 흥밋거리가 별로 없는(대부분 내용이 학습과 취업에 관련된 것이다) 카페임에도 회원 수가 빠르게 는다는 것은 그만큼 승무원을 꿈꾸는 사람이 많다는 의미일 것이다. 이들의 고민과 질문, 조언, 정보와 응원이 모여 한 권의 책으로 엮인 것이니, 결코 나 혼자 쓴 책이 아님을 강조하고 싶다. 또한 항공서비스학과 교수님들과 각 항공사의 인사담당자들도 책의 완성도를 높이는 데 큰 도움을 주었다. 지면을 빌려 모두에게 감사의 말을 전하고 싶다.

나는 지금 김포공항의 한 커피숍에서 원고를 마무리하고 있다. 지금 내 앞에는 대한항공 면접장으로 향하는 수많은 과거의 내가 있다. 여러분이 승무원이라는 꿈을 이루기까지, 생각했던 것보다 많은 시간과 노력이 필요할지도 모른다. 가끔은 포기하고 싶은 순간도 온다. 그럴 때마다 유니폼을 입고 공항 로비를 걷는 자신의 모습을 상상해보자. 포기만 안 한다면 상상 속의 모습이 머지않아 현실로 이루어질 것이다.

고 민 환

Contents

part

1

승무원으로서의 화려한 삶을 꿈꾸다

✈ 미소 짓는 스튜어드

Q & A
들여다보기

스튜어드라서 겪는
역차별이 있나요? ✈

스튜어드 채용은
잦은 편인가요? ✈

국내 항공사와 외항사는 뽑는
스튜어드 스타일이 다른가요?
★ ★ ★ ARRIVAL ★ ★ ★

스튜어드라서 외롭거나
소외되는 일이 있나요? ✈

스튜어드라서 특별히 겪는
어려움이 있나요? ✈

✈
이런 자질,
스튜어드에게 필요하다 ❋

면접은 어떻게
준비해야 하나요?

군대에서도 승무원 준비를
할 수 있나요?

스튜어드와 스튜어디스가
하는 일은 다른가요?

항공사 면접 답변에
공식이 있을까요?

스튜어드 면접과
스튜어디스 면접의
차이점은 무엇인가요?

항공서비스학과에 가지않으면
승무원이 되기 어려운가요?

영어점수는 어느 정도로
준비해야 하나요?

1

승무원으로서의 화려한 삶을 꿈꾸다

승무원을 향한
꿈의 시작

나는 대학교를 졸업할 때까지 내 꿈을 찾지 못하고 있었다. 대학입학 전 드라마를 보다가 호텔리어에 관심이 생겨 호텔경영학을 공부했지만 수많은 서비스업 중 어떤 직업에 나에게 맞는지 찾을 수 없었다.

내가 대학에 입학했던 2000년대는 '서비스' 분야는 학문적으로 접근하기보다 고등학교를 졸업하고 바로 현장에 뛰어드는 사람들이 많았다. 그리고 '굳이 서비스업에서 근무를 하는데 4년제 대학을 나와야 할까?'라는 시선이 대부분이었다. 그런 시기에 나는 호텔경영학과에 입학했다. 서비스직 종사자들의 대부분은 여성들이었기에 내가 롤모델을 찾기 어려운 시기였고, '단순히 서비스직에서 근무하면 일반회사원보다 자주 여행을 가고, 맛있는 음식을 먹고, 더 자유로운 생활을 하지 않을까?'라는 유치한 생각에 서비스업을 공부하는 호텔경영학과를 선택하게 되었다.

대학 시절, 호텔경영학과 학생의 필수코스 중 하나인 서비스직에서 아르바이트를 시작했고, 주변 선배들의 모습을 찾아보기 시작했다. 호텔이나 외식업계에서는 남자 선배들을 쉽게 찾을 수 있었지만, 다른 서비스직에선 남자 선배의 모습을 찾을 수 없었다. 그래서 또다시 혼자 고민을 해야 했다. 대다수의 대한민국 남학생들처럼 학교를 마치고, 군대를 다녀왔지만 그 순간까지 나의 자아를 실현할 직업을 찾을 수 없었기 때문이다. 그러다 우연히 종로 거리에서 모 항공사의 여승무원 광고를 보면서, 승무원이라는 직업에 관심이 생겼다. 종로에서 마주쳤던 "유니폼을 입은 그녀"가 나를 승무원의 세계로 안내한 것이다. 이것이 내가 처음으로 승무원이라는 직업에 관심 갖게 된 계기이다.

그 이후로 나는 남자 선배도 별로 찾을 수 없는 이 분야에서 홀로서기를 시작했다. 벌써 10년 전의 이야기이다. 지금은 주변에서 수많은 스튜어드를 볼 수 있다. 국내 항공사 비행기에 탑승하면 한 명 이상의 스튜어드를 볼 수 있고, 가끔은 유튜브나 카페를 통해서 이미 나를 알고 있는 승무원을 만나기도 한다.

스튜어드, 과거에 비해 많아졌지만 여전히 각 항공사별로 10~15% 밖에 되지 않는 정말 흔하지 않은 직업. 여러분과 다를 바 없는 너무나 평범한 나는 이 직업을 여러분보다 조금 일찍 경험했고, 오늘 그 경험을 여러분과 함께 공유하려 한다.

Q&A

스튜어드 채용은 잦은 편인가요?

승무원은 여성만의 직업이라고 여겨지던 시기가 있었다. 내가 승무원에 지원했던 당시만 하더라도 국내에서 남자가 승무원이 될 수 있는 방법은 전혀 없었다. 당시, 대한항공은 별도의 스튜어드 채용 없이 일반직으로 채용된 사람 중에서 스튜어드로 전환시켰으며, 현재 스튜어드를 꾸준히 채용하는 저비용 항공사는 탄생하기 전이었다. 한국 사람임에도 국내에는 지원할 수 있는 항공사가 없어 카타르항공이나 에미레이트항공 같은 외항사를 목표로 스튜어드를 준비할 수밖에 없었다.

주로 여학생들과 함께 면접 스터디를 준비했는데, 여학생들은 한 달에 한두 번도 넘게 면접기회를 잡았지만, 남자였던 나는 매일 혼자서 모의 연습만 해야 하는 처지였다. 불과 10년 전의 일이다. 하지만 시대가 변했다. 다음은 2017년 12월 〈시사 오늘〉 기사 중 일부분이다.

"제주항공은 2016년까지 68명이었던 스튜어드의 수를 2017년 93명까지 늘렸다. 이는 전년 대비 36.8% 증가한 수치이다. 같은 기간 스튜어디스의 숫자가 610명에서 762명으로

24.9% 증가한 것에 비교하더라도 더 높은 비율인 것을 확인할 수 있다. 제주항공의 총 객실 승무원 중 스튜어드의 비율도 10%에서 10.8%로 올랐다. 진에어 역시 1년 사이 스튜어드의 숫자가 전체 승무원 중 17.2%(2016년)에서 18.7%로 상승하였다. 즉, 진에어는 승무원 5명 중 1명은 스튜어드로 볼 정도로, 승무원=여성이라는 인식을 해소시키고 있다. 이스타항공은 같은 시기 대비 15.2%(55명)에서 16%로 증가하였다."

이처럼 스튜어드의 채용이 점점 넓어지고 있다. 현직승무원들도 "예전엔 스튜어드가 있는 비행이 흔치 않았기에 너무나 기대되었지만, 요즘은 스튜어드 두세 명이 한꺼번에 비행을 하는 경우도 있다"고 한다. 또한, 항공 안전과 보안에 대한 의식이 강화되면서 체력적으로 유리한 스튜어드의 필요성이 높아지고 있다.

따라서 이 책에선 계속 증가하고 있는 스튜어드를 준비하는 과정, 그리고 스튜어드의 비행 이야기, 그리고 여러분들이 궁금해 하는, 면접과 관련된 질문에 대해 다룰 수 있도록 하겠다.

Q & A

언제부터
준비해야 하나요?

승무원 준비는 단, 중, 장기 계획을 세워 접근해야 한다. 질문에 답변하기와 같은 말하기 연습은 몇 달만 해도 충분하지만 이미지와 자세, 태도 같은 외양적인 부분은 단기간에 고치기 어렵다. 따라서 승무원이 꿈이라면 평상시 승무원을 만날 수 있는 간접 기회를 많이 찾아보는 것이 좋다. 좋은 예로 대다수의 대학에서는 승무원 지망생을 위해 해마다 예비승무원 대회를 열고 있으며, 항공사에서는 승무원을 꿈꾸는 어린 학생들을 위한 승무원 교실을 열고 있다. 또한, 전직 승무원들의 재능기부 강연이나 승무원 관련 서적 등을 참고해도 좋다.

위의 간접 경험을 통해 승무원에 대한 자신의 열정을 확인했다면 장기 계획으로는 승무원의 이미지를 만들 수 있는 노력을 하자. '승무원'하면 가장 먼저 떠오르는 것이 무엇인가? 바로 미소일 것이다. 매일매일 긍정적으로 생각하고, 미소를 머금다 보면 자신도 모르게 승무원 미소를 가질 수 있을 것이다. 실제로 많은 승무원 준비생들이 미소 만들기를 어렵게 느끼고 힘들어 한다. 학생시절부터 미소연습을 꾸준히 한다면 취업을 앞두고 힘들게 시간을 내서 미소연습을 할 필요가 없을 것이다.

또한, 어린 시절부터 어학에 관심을 둔다면 승무원으로 일하는 데 도움이 된다. 비행을 하다 보면 외국인을 만날 기회가 잦고, 다양한 언어를 할 수 있다면 승무원으로 취업하는 데도 유리하다. 언어에 대해서는 뒤에서 다시 한번 자세히 설명하겠다.

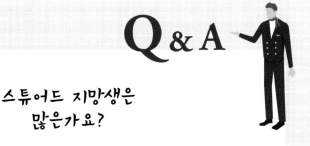

Q&A

스튜어드 지망생은 많은가요?

채용이 늘어나고 있으므로 스튜어드 지망생 역시 많아지는 추세다. 전공 역시 다양하다. 특히, 최근 들어 항공서비스학을 전공한 남학생이 증가하는 추세이다. 불과 몇 해 전만 하더라도 스튜어드 지망생을 뽑는 항공서비스학과 자체가 없었지만, 지금은 대다수의 대학에서 10~30%의 인원을 남학생으로 채우고 있다. 그만큼 스튜어드에 대한 수요가 늘어나고 있다는 의미다. 내가 면접을 준비하던 2007년만 해도 나는 면접 스터디에 참여하는 유일한 청일점이었지만, 요즘은 스튜어드 준비생들만의 스터디가 있을 정도로 스튜어드 지망생이 많아지고 있다.

Q & A

스튜어드에 대한 정보는
어디서 얻나요?

필자가 운영 중인 네이버 카페 미소 짓는 승무원에서 스튜어드의 정보를 얻을 수 있다. 이외에 승무원 카페에 있는 스튜어드 지망생을 위한 게시판을 통해 정보를 얻을 수도 있다. 또한 3~4년 전부터는 대학에서도 스튜어드 지망생을 모집하고 있으므로, 대학교 사이트 내에서도 정보를 얻을 수 있다.

승무원과 관련된 많은 도서가 출간되고 있지만, 이는 대부분 스튜어디스에 대한 정보를 담고 있다. 스튜어드만을 위한 책은 단 한 권도 찾아볼 수 없었다. 이처럼 스튜어드의 면접 팁, 스튜어드의 비행 이야기와 같은 정보가 몹시 부족하다고 생각했기 때문에 이 책을 집필하게 되었다. 이제 막 불기 시작한 스튜어드의 바람, 저비용 항공사의 채용 증가와 함께 스튜어드에 대한 정보를 원하는 지망생이 늘어날 것으로 생각된다. 이 책이 조금이나마 스튜어드를 꿈꾸는 이들에게 도움이 되길 바란다.

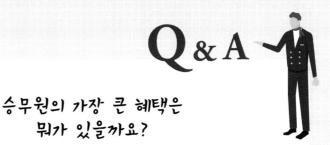

승무원의 가장 큰 혜택은
뭐가 있을까요?

단연코 할인 티켓이라고 생각한다. 내가 쓸 수 있는 할인 티켓, 가족(부모 또는 형제까지)에게 줄 수 있는 할인 티켓. 그리고 카타르항공 같은 회사는 친구에게 선물할 수 있는 티켓까지 존재한다. 승무원의 가장 큰 장점은 할인 티켓이다.

예를 들어 인천—파리 간 왕복 티켓 가격은 우리 돈으로 약 20만 원 정도다. 그럴 경우 나는 부모님께 국내에서 파리로 출발하는 대한항공의 할인 티켓을 사드리고, 나는 같은 날 파리 비행을 신청한다. 그리고 파리에서 부모님을 만나 내가 묵는 호텔에 같이 머물면서 평상시 못했던 효자 노릇까지 한꺼번에 할 수 있다.

회사마다 다르지만 국내 항공사의 경우, 일정 기간 이상 근무했다면 회사를 관둔 뒤에도 할인 티켓을 계속해서 사용할 수 있다. 이런 베네핏은 회사마다 다르긴 하지만 어느 승무원이던 같은 목소리로 이야기할 것이다. 승무원의 가장 큰 장점은 "할인 티켓"이라고. 물론, 할인율이 큰 만큼 마일리지 적립은 불가능하다.

스튜어드의
비행 엿보기

아침 7시 비행을 위해 새벽 4시에 일어난다. 아랍 에미레이트의 두바이를 다녀오는 일정. 왕복 1시간 20분의 단거리 비행을 위해서 3시간 전에 일어난다. 새벽 4시에 일어났음에도 아침은 꼭 챙겨 먹는다. 출근 전 샤워하고 승무원 그루밍(용모를 단정하게 꾸미는 일)을 하는 데까지 걸리는 시간은 약 20여 분. 다행스럽게도 스튜어드는 스튜어디스에 비해 준비시간이 상당히 짧은 편이다.

비행 전에는 항상 영어 쉐도잉을 약 30분간 실시한다. 책상에 앉아 영어를 공부하는 것이 아니라 출근 준비를 하면서 간단한 영어 문장을 따라 읽는다. 이렇게 입을 풀고 출근을 하면, 약 40분 정도 실시하는 영어 브리핑을 진행하는 데 전혀 어려움이 없다. 또한 외국인 동료와도 수월하게 대화할 수 있다.

회사 셔틀버스를 타고 승무원 전용 터미널에 도착한다. 승무원 전용 터미널은 일반직장으로 말하면 사무실 같은 곳이다. 승무원들은 여기에서 비행에 필요한 서류를 준비하고 브리핑을 실시한다. 스탠바이 승무원(비행 출발 전 갑작스럽게 승무원 부족 상황이 발생할 경우 투입되는 인원이다. 회사마다 다르지만 스탠바이로 나왔다가 비행을 안 하고 그냥 집으로 가더라도 월급을 받는 항공사도 있다) 도 이곳에서 대기한다. 또한 비행을 다녀온 승무원들도 이곳을 통해 카타르로 입국하기 때문에 승무원들의 휴게실이자 사무실인 셈이다.

여기서 나는 또 한 번 '승무원의 자질'을 느끼곤 한다. 터미널을 오가는 승무원 중에는 누구와도 살갑게 인사하고 농담을 건네는 인기 있는 승무원이 있는가 하면, 다른 사람들과 말 섞기를 싫어하고 자기 일만 하는 승무원이 존재한다. 사교성과 친근함은 승무원이 갖춰야 할 중요한 자질 중 하나다. 오늘 아침, 유달리 인기 있는 브라질 국적의 스튜어드를 보고 '아, 나도 저렇게 사람들과 잘 어울리면 좋겠다'는 다짐을 하면서 브리핑실로 들어갔다.

외항사의 브리핑은 최소 3~4개국 이상의 승무원을 만날 수 있고, 많을 땐 한 비행에서 전 세계 10개국도 넘는 곳에서 온 동료들과 한 팀이 되어 비행을 할 수 있다. 한국에 있었을 땐 외국인과 이야기하는 게 무척 부담스러웠지만 외항사에서 근무하다 보면 외국인(어)에 대한 두려움은 쉽게 없앨 수 있다.

브리핑이 끝나면 보안 검사 등의 각종 체크를 끝내고 비행기에 탑승한다. 이때부터 승무원은 정시출발을 목표로 승객을 맞이하기 위한 준비로 바빠진다. 승객들이 볼 신문을 접어놓고, 헤드셋이나 이어플러그, 어메니티키트와 같은 서비스 품목들을 준비한다. 비행을 하면서 가장 바쁜 시간이라고 할 수 있다.

비행기가 이륙하면 승무원들은 각자 맡은 구역의 승객들에게 식음료 서비스를 시작한다. 승무원들이 캐빈(객실)에서 서비스를 하는 동안 한 명의 승무원은 갤리(주방)에 머무르며 캐빈에서 일하는 동료 승무원들에게 필요한 물품들을 챙겨준다. 보통은 스튜어드들이 갤리를 담당한다. 일반적으로 고객과 대면하는 업무는 스튜어디스가 맡고, 갤리 업무는 스튜어드에게 지정되는 경우가 예전에는 잦았지만, 요즘엔 스튜어드에게 갤리를 전담하는 경향은 많이 줄고 있다.

식음료 서비스가 끝나면 승무원의 식사시간이 돌아온다. 하지만 모든 승무원들이 한꺼번에 식사를 하지 않고, 한 명의 승무원은 혹시 모를 상황에 대비해 캐빈을 모니터링하고, 나머지 승무원들은 교대로 식사를 한다. 비행시간이 짧을 경우 승무원들은 급하게 식사를 해야 하는 상황에 놓이는데, 이런 이유 때문인지 위장병으로 고생하는 승무원들이 많다.

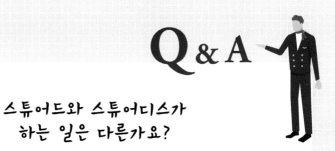

Q & A

스튜어드와 스튜어디스가
하는 일은 다른가요?

승무원의 비행 전 스케줄

듀티	시간	내용
회사 출근(버스)		비행시간에 맞춰 회사 버스가 승무원 숙소 앞에 도착.
리포팅(Check in)	100분 전	출퇴근 기록기에 기록
비행 서류 준비		함께 비행할 승무원 명단 및 필요서류
브리핑		모든 승무원과 함께 비행 필수 정보에 대한 사전 미팅 실시
보안 검색		기내 탑승 전 보안 검색 실시 (폭탄과 같은 위험물질은 없는지?)
비행기로 이동		공항 내 버스를 이용해 비행기로 이동
비행기 탑승	60분 전	비행기에 탑승
승무원 가방 보관		승무원 가방은 기내 정해진 자리에 보관
Safety check		자신의 안전 물품을 확인(안전벨트, 소화기, first aid box 등)
Security check		기내에 숨겨진 위험 물품은 없는지 확인
케이터링 확인		승객에게 서비스 할 음식과 음료 확인(개수, 종류)
서비스 아이템 정리		신문, 잡지, 제공되는 서류 등을 미리 준비
기내 준비		기내 조명, 보딩 뮤직 확인
승객 탑승	45분 전	승객 탑승

출처 : 카타르항공 매뉴얼 재구성

국내 항공사 스튜어드는 보통 공항 근처에 숙소를 구한 뒤, 공항까지 대중교통을 이용한다. 그래서 공항철도나 일반 교통수단에서 트롤리를 끌고 다니는 스튜어드들을 종종 볼 수 있다. 반면 카타르항공과 같은 외항사는 승무원 전용 버스가 비행시간에 맞춰서 승무원을 태우러 온다. 20인승 정도의 미니버스를 타게 되면 그날 같은 시간대에 비행하는 모든 승무원을 만날 수 있다. 승무원 버스에서부터 한국어, 영어, 일본어, 아라빅, 태국어, 필리핀어 등 전 세계의 언어를 들을 수 있다.

리포팅 타임(출근 시간) 같은 경우는 회사마다 다르다. 리포팅 시간을 기준으로 월급 계산을 하는 회사도 있고, 비행기의 이착륙 순간을 기준으로 월급계산을 하는 회사도 있다.

비행준비서류 같은 경우는 승무원이 다른 나라에 들어갈 때 꼭 필요하므로 사무장들은 반드시 이 서류를 두세 번씩 체크 한다. 일반 승객들이 여권과 비행기 티켓의 이름이 다르면 비행기를 탈 수 없는 것처럼, 승무원도 자신의 비행서류에 쓰인 이름과 여권 이름이 다르면 승무원이라 해도 비행기를 타는 데 애를 먹기도 한다.

브리핑에선 그날 비행의 특이사항, 비행 가는 곳의 날씨 변동, 승객과 관련된 특이사항, 서비스나 안전과 관련된 내용을 확인한다. 또한 승무원들의 지식도 테스트하는데, 필수적으로 안전과 서비스에 관련된 돌발 질문에 승무원들은 막힘없이 대답해야 한다. 이때, 제대로 대답을 못하면 그 승무원은 비행을 못하게 될 수도 있다. 때문에 비행을 시작한 지 얼마 안 된 신입 승무원들은 브리핑시간의 질의응답 시간을 상당히 부담스럽게 느끼기도 한다.

보안 검색은 일반 승객들과 같은 방식으로 진행된다. 흔히 X-ray라고 불리는 보안 검색대를 지나는 방식이다. 혹시나 승무원의 가방에 폭탄과 같은 위험물질은 없는지 확인하는 단계다. 보안 검색대를 통과한 승무원은 승객보다 먼저 비행기에 탑승한다. 탑승을 마치고 승무원이 제일 먼저 하는 일은 자신의 트롤리를 정해진 위치에 놓고, 비행준비를 시작하는 것이다.

'Safety check'는 비행과 관련된 안전 기구들을 점검하는 일이다. 제일 먼저 승무원 자신의 안전벨트와 비상탈출 시 필요한 도구, 자신이 담당하는 비행기 문, 기내에 배치된 환자용 산소통 등을 확인한다. 이는 안전을 위해 반드시 거쳐야 하는 필수과정이다.

'Security check'는 비행할 때 혹시 모를 위험요소가 기내에 남아있는지, 승객이 탑승하기 전 최종 확인하는 단계이다. 간단히 생각해서 기내에 숨겨진 폭탄 등이 있는지 확인하는 것이다. 일반적으로 승무원이 실시하지만 미국 비행처럼 보안이 중요시 되는 구간은 미국에서 파견된 전문 보안 요원이 실시하기도 한다.

케이터링 확인은 기내 서비스에 필요한 음식이나 음료가 잘 실렸는지 확인하는 단계다. 탑승할 승객의 숫자와 음식 숫자가 맞는지 확인하며, 특히 알레르기가 있는 승객

이 있어 특별히 주문된 스페셜밀이 있는지 꼼꼼히 확인해야 한다. 승무원의 잘못으로 음식이 잘못 실렸다고 생각해보자. 끔찍하지 않은가? 반드시 확인을 거듭해야 한다. 서비스 아이템 정리는 승객이 탑승하면 승객에게 주게 될 각종 서류, 무료 신문, 이어폰, 어메니티키트와 같은 물품들을 미리 준비해 놓는 단계이다.

마지막으로 기내 탑승 음악을 틀어 놓고, 기내 조명을 세팅 한다. 기내 조명의 경우 한 가지 색만 있는 것이 아니라 비행기 기종에 따라서 다양한 색이 있다. 승객 탑승 단계에선 모든 승무원들이 정해진 자리에 위치해서 승객들의 빠른 탑승을 돕는다.

지금까지 승객이 비행기에 탑승하기 전까지 승무원의 기내 업무를 살펴보았다. 여기까지는 스튜어드와 스튜어디스가 하는 일에 차이가 없다. 딱 하나 다른 점은 스튜어드는 스튜어디스에 비해 출근 준비시간이 짧다는 것이다. 보통의 스튜어드는 비행을 위해 집을 나서기까지 30분에서 1시간이면 충분하다. 하지만 똑같은 비행을 가더라도 스튜어디스는 준비시간만 2~3시간이 걸린다. 이것이 스튜어드와 스튜어디스의 비행준비 과정에서 볼 수 있는 가장 큰 차이점이다.

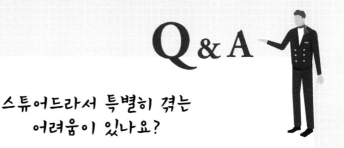

Q & A

스튜어드라서 특별히 겪는
어려움이 있나요?

항공사는 여승무원이 많은 곳이므로 남중, 남고, 공대를 졸업했다면 처음엔 여성이 대부분인 '승무원 세계'에서 벌어지는 일들이 색다르게 느껴질 것이다. 이는 상황에 따라서 당황스럽거나 어리둥절하게 다가올 수도 있다.

카타르 도하에서 스위스의 제네바로 향하는 QR21편. 그날 비행도 14명의 승무원 중 스튜어드는 나 혼자였다. 제네바로 향하는 도중 한 남성 승객이 물었다. "이렇게 예쁜 스튜어디스들과 매일 일하면 너무 좋지 않냐"고. 좋을 수도, 아닐 수도 있다. 카타르항공 입사 초기엔 너무나 예쁜 스튜어디스들과 비행을 하면서 마음 설렌 적이 한두 번이 아니었다. 하지만 그런 마음은 한두 달만 지나면 사라진다. 비행 후 3~4개월이 지나면 그때부터는 예쁜 스튜어디스가 아닌 한 명의 회사 동료로 보인다.

스튜어드 지망생이라면 남녀 가리지 않고, 특히 여성과 친해질 수 있는 사교성을 길러야 한다. 내가 항공사 면접을 준비하던 시절 7~8명의 친구들과 스터디 모임을 가진 적이 있다. 거기서도 나는 유일한 남자 지망생이었다. 가끔 짬 날 때 오가던 대화도 전부 여성들의 관심사에 대한 내용이었다. 하지만 그런 생활이 낯설거나 나쁘지 않았다. 나

는 남고를 졸업했지만, 대학은 여학생이 70% 이상인 관광학부를 다녔고, 아르바이트 역시 여성이 많은 패밀리 레스토랑에서 오랫동안 일했다. 그리고 들어온 카타르항공 역시 90%의 동료들이 스튜어디스, 그리고 승무원 지망생들의 입시와 취업지도를 하는 지금도 주변 인물의 대부분이 여성이다.

이런 삶에 익숙해져야 스튜어드가 되었을 때 어려움 없이 근무할 수 있다. 남자가 남자들과 무리 지어 지내는 것이 편하다고 느끼는 것은 자연스러운 일이다. 하지만 스튜어드를 꿈꾼다면 여학생들과도 잘 어울리는 편이 좋다. 그렇다고 공대생이 스튜어드를 하기 힘들다는 것은 절대 아니다. 스튜어드 중에는 공대를 졸업한 사람도 당연히 있다.

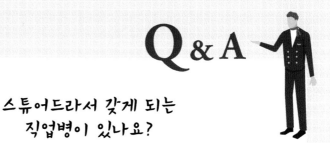

Q & A

스튜어드라서 갖게 되는
직업병이 있나요?

공항에서 멋지게 트롤리를 끄는 스튜어드에게는 어떤 직업병이 있을까? 승무원에게 나타나는 가장 큰 직업병은 바로 시차에서 오는 불안정한 생체리듬이다. 이로 인해 면역력도 일반인에 비해 약한 편이다. 한 달에도 몇 번씩 섭씨 40도인 지역과 10도인 지역을 옮겨 다니고, 특히 해외 비행을 다니며 여러 가지 질병에 쉽게 노출된다. 이런 이유로 승무원들은 다양한 종류의 약을 구매할 수 있는 미국 비행을 좋아한다. 또한, 비행 중인 기내는 지상보다 압력이 낮아 산소농도의 부족으로 종종 멍하게 보낼 때가 있다. 특히, 비행기가 착륙할 때 1.5리터 물병이 쫘배기처럼 뒤틀리는 모습을 보면 비행 중 기압과 지상에서의 기압 차이가 얼마나 큰지 알 수 있을 것이다.

이런 이유로 승무원들 사이에서는 "비행을 10년 이상 하면 기억력 감퇴로 법정에 증인으로 설 수 없다."는 농담이 오가기도 한다. 나 역시 비행을 갈 때마다 아내가 스도쿠를 챙겨주며 "비행기 안에서 머리 좀 쓰라고, 그렇지 않으면 기억력이 감퇴할 거"라고 말했던 게 아직도 생생하다.

'탈모'도 승무원 직업병 중 하나다. 특히 장거리 비행을 하게 되면 두피의 모공이 확장

되는데, 이때 머리를 감으면 평소와는 비교도 안 될 만큼 많은 양의 머리카락이 빠진다. 이런 이유로 승무원들은 장거리 비행 후 24시간 내에는 절대 머리를 감지 않는다. 그렇다고 오해는 하지 말자. 비행 후 어느 정도 시간이 흐른 뒤 머리를 감으면 탈모 걱정은 하지 않아도 된다.

Q&A

스튜어드의 업무 강도는
일반 사무직보다 셀까?

직장인들은 보통 아침 9시에 출근해 저녁 6시에 퇴근하는 규칙적인 생활을 하지만 승무원은 매월 로스터(스케줄)에 맞춰 근무한다. 월~금 근무의 개념이 없이 내가 근무하는 날이 평일이고, 내가 쉬는 날이 주말인 셈이다. 이처럼 근무시간이 유동적이므로 스스로 계획을 세워 생활하지 않으면 소중한 시간을 낭비하게 될 수도 있다.

스튜어드는 한 달 평균 60~110시간 정도 근무를 한다. LCC(Low Cost Carrier, 흔히 '저비용 항공사'라고 불리며, 단거리 비행을 주로 한다)에 근무하는 승무원은 중, 단거리 비행을 주로 하므로 비행 시간이 더 짧고, FSC(Full Service Carrier, 단거리부터 중, 장거리의 다양한 노선을 비행한다) 승무원들은 미국이나 유럽처럼 장거리 비행이 많으므로 더 긴 시간을 근무한다. 예를 들어 카타르 도하에서 뉴욕까지 편도 13시간이 걸리는데, 13시간 비행 중 5~6시간의 휴식 시간이 주어진다. 그 시간에 대부분은 승무원만 출입할 수 있는 공간(벙커)에서 휴식을 취하므로 실제 근무 시간은 7시간 정도인 셈이다. 내가 카타르항공에서 근무할 당시 한 달에 평균 15일 정도를 비행했었다. 단, 중, 장거리 비행을 번갈아 하는데(단거리는 2시간 이내, 중거리는 3시간~5시간, 장거리는 6시간 이상을 의미함), 보통 한 달에 90시간 정도의 비행을 하면 몸 상태가 딱 좋았던 기억이 남는다. 근무 스케줄 또한 시차로 인한 승무원의 건강상태를 고려해 장, 단거리 비행이 섞여 스케줄이 나온다.

다음의 승무원 스케줄을 한번 살펴보자. 아래부터 살펴보면 제일 오른쪽에 Block hour(비행시간) : 41시간 15분 비행을 한다. 이 달엔 휴가가 있다(LVE). 5일부터 휴가가 시작되지만 4일에 쉬는 날을 하루 덤으로 얻었다. 그리고 5일부터 19일까지 휴가, 그리고 20일은 하루 쉬는 날이다.

스케줄을 보면 월초에 방콕—하노이 노선을 비행하고 휴가가 이어진다. 그 후 터키, 스리랑카의 콜롬보, 그리스의 아테네 그리고 중간에 'PSBY'는 공항에서 대기하는 스탠바이 업무를 의미한다. 아래쪽의 'UTC DIFF'는 시차를 의미한다. 예를 들어 내

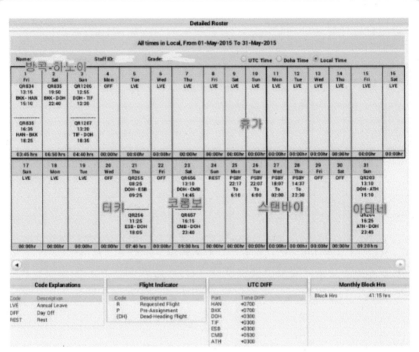

출처 : 카타르항공 스케줄

가 거주하는 카타르 도하는 'UTC+3:00'이다. 그리고 중간에 있는 'BKK는+7:00'은 'BKK(방콕)은 카타르 도하보다 4시간이 더 빠르다'는 의미이다. 한국의 경우 ICN +9:00인데, 이 말은 인천이 +9, 도하가 +3이므로 인천의 시간에서 6을 빼면, 카타르 도하의 시간이 된다(예를 들어, 인천이 19시일 때, 도하는 13시를 의미함).

승무원들의 가장 큰 관심사인 비행스케줄은 보통 월말에 발표된다. 매번 하는 비행임에도 승무원들이 큰 관심을 보이는 이유는 스케줄에 따라서 급여가 달라지고, 같이 비행하는 선후배가 누구인지에 따라 더욱 즐거운 비행이 될 수도 최악의 비행이 될 수도 있기 때문이다. 따라서 회사에서는 최대한 공정하게 승무원들의 스케줄을 관리하려고 한다. 가끔 스케줄이 계속해서 안 좋게 나오는 승무원들은 회사 로스터링(스케줄 조정 팀) 팀을 찾아가 자신의 스케줄에 대해 건의하기도 한다.

또한, 승무원에겐 한 달에 8~9일 정도의 쉬는 날이 법적으로 보장된다. 간혹 이 부분이 지켜지지 않을 때엔 로스터링에 연락하면 바로 스케줄을 조정해준다. 카타르항공은 승무원이 원하는 날 쉴 수 있는 '비딩 시스템'이 있는데, 대부분의 승무원들은 쉬는 날을 길게 신청해(5일 연속) 그 기간 동안 해외여행을 하기도 한다. 현재 외항사에서 근무 중인 나의 지인은 5일간 휴가를 신청하고, 앞뒤로 쉬는 날을 붙여서 총 13일간 한국으로 휴가를 온 적도 있다(쉬는 날(4일)+휴가(5일)+쉬는 날(4일)=총 13일). 이처럼 승무원의 세계에선 긴 휴가가 가능하다. 하지만 국내 항공사는 외항사와는 분위기가 조금 다르니 참고해야 한다. 이처럼 긴 휴가가 주어지니 업무 강도가 '셀 것'이라 생각할 수 있지만 전혀 그렇지 않다.

항공사	평균 비행시간 (월)
대한항공	80~90시간
아시아나항공	80~90시간
저비용 항공사	50~60시간
중동 항공사	90~100시간

Q&A

스튜어드의 월급은
얼마인가요?

회사 이야기를 하는데 월급 이야기가 빠질 수 없다. 결론부터 말하자면 스튜어드의 월급은 비행 수당에 따라 달라진다. 일반 기업은 보통 연봉제를 적용해 일정한 금액의 월급을 받지만 승무원의 월급은 제각각이다. 당연한 이야기지만 비행 경력에 따라 급여가 다르고, 심지어는 입사 동기와도 월급이 다르다. "내가 어디로 비행을 했느냐"에 따라 수당이 달라지기 때문이다.

기본급	입사일 기준으로 받는다(일반 기업에 비해 적다)
상여금(보너스)	연간 800%의 보너스(월별로 나눠서 받는다)
퍼듐	해외 호텔에 체류 시 받는 호텔 체류비 (체류 국가의 물가에 맞춰 지급)
비행 수당	비행시간당 받는 금액
착륙비	착륙 1회당 받는 비용
교통비	인천공항 출근 시 지급

출처 : K 항공사 매뉴얼 재구성

국내의 일반 기업은 보통 기본급이 높고, 그 외의 수당이 낮은 편이다. 이와 비교했을 때 승무원은 기본급이 낮고, 그 외의 수당이 높다. 회사별로 조금씩 차이가 있지만 항공사 급여명세서에는 위와 같은 항목들이 있다. 이중 퍼듐과 비행 수당은 '어디를 비행했느냐'에 따라 달라지므로 월급의 많고 적음에 영향을 준다.

예를 들어 승무원 A가 12월 1일부터 4일까지 총 4일간 도하―제네바(스위스)를 비행한다고 가정하자. 그리고 같은 기간에 승무원 B는 도하―봄베이(인디아) 노선을 비행한다. 이때 지급되는 기본급은 승무원 A와 B가 같지만, 현지 물가를 고려한 퍼듐과 거리에 따른 비행 수당은 달라진다. 4일간 일했을 때 받게 될 금액을 아래와 같이 수치화해 보았다. 물가가 비싼 제네바에 간 승무원 A는 하루에 100달러씩, 총 400달러의 퍼듐을 받는다. 그리고 같은 시기에 물가가 싼 봄베이를 비행한 승무원 B는 하루에 25달러씩, 총 100달러의 퍼듐을 받게 된다. 여기에서 월급의 차이가 발생한다.

	기본급	비행수당	1일	2일	3일	4일	총계($)
승무원 A	50	120(왕복)	100	100	100	100	570
승무원 B	50	80(왕복)	25	25	25	25	230

따라서 월급은 ① 장거리 비행을 하느냐, ② 물가가 비싼 곳으로 비행을 가느냐에 의해 결정된다고 볼 수 있다. 이처럼 항공사마다 독특한 월급 계산법으로 인해 국내 항공사의 경우 대한항공 = 아시아나항공 > 저비용 항공사 순서로 급여가 높다고 생각하면 된다. 대략적인 평균값은 다음과 같다. 하지만 앞서 밝혔다시피 비행 지역과 시간에 따라 승무원간 편차가 크다는 사실을 명심하자. 또한 외항사는 월급을 달러로 지급하기도 한다. 그럴 경우엔 환율에 따라 월급이 크게 달라진다는 것도 명심하자.

항공사	신입 승무원 평균 연봉
중동 항공사 (카타르, 에미레이트, 에티하드)	3,200~3,700만 원 (달러로 받음/세금 없음)
대한항공	3,300~3,800만 원
아시아나항공	3,300~3,800만 원
저비용 항공사	2,200~3,000만 원

위의 표에서 알아두어야 할 점은 중동 항공사의 경우 세금을 내지 않는다는 것이다. 일반적으로 국내 기업은 약 10%의 세금을 공제하므로 급여명세서에 400만 원이 찍혀도 실제 수령액은 360만 원정도다. 하지만 중동 항공사는 급여명세서에 400만 원이 찍히면 실제 수령액도 400만 원이 된다. 또한, 중동 항공사는 국내 항공사와는 달리 무상으로 집을 제공해 준다. 심지어는 전기세, 수도세, 세탁비까지 모두 무료다. 월급 또한 달러로 지급하므로 환율에 따라 금액이 달라진다.

Q & A

신입 스튜어드의
교육과정이 궁금합니다.

카타르항공에선 12주간 신입사원 교육을 한다. "이런 마음가짐으로 공부했다면 어떤 명문대라도 갈 수 있었겠다."라는 생각이 저절로 드는 순간이다. 12주의 교육 기간 동안 매일 아침 테스트를 실시하며, 테스트를 통과하지 못하면 그 승무원은 교육을 마칠 수 없다. 나 역시 하루에 두세 시간만 자며 공부했다. 또한 외항사는 모든 교육이 영어로 이루어지므로 더 힘들다는 사실을 반드시 기억하자.

12주에 걸쳐 안전교육(6주), 서비스교육(5주), 응급처치교육(1주)을 받는다. 안전교육 기간에는 흔히 TV에서 봤던 모형비행기에서의 탈출부터 비행기 내부의 기기 작동법까지 세세하게 배운다. 비행 중 어떤 일이 발생할지 모르고, 생명과 연관된 일이므로 교육시간 시작부터 끝까지 긴장감의 연속이다. 또한, 교육 마지막 기간엔 말하기 테스트를 실시하는데 이때는 교관 앞에서 비행기의 머리부터 꼬리까지 전부 외워서 말할 정도가 되어야 한다. 하지만 긴장할 필요는 없다. 노력한다면 누구나 통과할 수 있다. 많은 노력이 필요하다는 점만 명심하자. 안전교육의 마무리 기간엔 실제로 수영장에서 탈출해야 하는 과정도 있다(단, 외항사는 수영을 못하더라도 물에 대한 공포감만 없으면 되지만 국내 항공사는 수영 테스트가 있다).

안전교육이 동적이라면 서비스교육(이미지+식음료+서비스)은 좀 더 정적인 교육이다. 이 기간에 인사와 각국의 에티켓, 미소 같은 서비스업 종사자에게 필요한 교육을 받게 된다. 특히 국내 항공사는 기본적이지만 중요한 기본 인사 등의 서비스교육에 많은 시간을 투자하고 있다. 또한, 모든 교육이 영어로 이루어지는 외항사와는 달리 국내 항공사는 서비스교육 과정에 외국어 교육이 포함되어 있다. 대한항공에 재직 중인 스튜어드의 말에 따르면 "지난 27년간 애먹었던 일본어와 중국어를 단 2주 만에 습득했다"고 할 정도로 교육효과가 뛰어나다고 한다. 당연한 일이다. 교육을 통과하지 못하면 승무원이 될 수 없으니 죽기 살기로 해야 한다. 참고로 서비스교육 기간엔 기내에서 서비스하는 대부분의 음식을 시식해 볼 수 있다.

마지막 교육은 기내에 아픈 승객이 발생했을 때 활용할 수 있는 응급처치 수업이다. 약 이름부터 효과와 주의사항까지 온통 영어로 된 매뉴얼을 통째로 외워야 한다. 한국을 포함한 비영어권 국가에서 온 신입 승무원들이 특히 어려워하는 과정이다. 또한 테스트에선 매뉴얼에 나온 단어를 그대로 사용해야 한다. 한마디로 토씨 하나 틀리지 않고 문장과 문장의 의미를 암기해야 한다. 아래는 '코피가 났을 때 응급처치'에 대한 매뉴얼이다.

Nose bleed

It commonly occurs when a blood vessel inside the nose ruptures.

Treatment : Sit passenger upright with head slightly forward, pinch the soft part of the nose. If bleeding continues, after 10 minutes place an ice pack on the bridge of the nose. Instruct passenger to breathe through the mouth and not to blow his nose. Advise him to spit any blood into a sick bag.

출처 : 카타르항공 SEP 매뉴얼

위의 전체 문장을 매일 아침 테스트에서 똑같이 말해야 한다. 이유는 간단하다. 문장을 달달 외울 정도가 되어야 실제 응급상황이 발생했을 때 당황하지 않고 적합한 조치를 할 수 있다. 조치법을 정확하게 익히지 못한 상태에서 비상 상황이 발생한다면 당황한 나머지 제대로 된 조치를 못할 수도 있고, 심지어는 자신만의 방법으로 응급처치를 하게 될 수도 있다. 하지만 기내에서는 매뉴얼대로 승객에게 조치를 해야 한다. 지금은 단순히 코피가 나는 상황을 예로 들었지만, 간혹 기내에서 간질 발작을 일으키는 승객도 있다. 나도 비행 중 응급처치가 필요한 상황을 수도 없이 경험했는데, 승무원은 그런 상황에서 당황하지 말아야 한다. 평소에 외운 대로 신속히 적절한 조치를 해야 한다. 교육 과정 중 가장 힘든 부분이지만 이를 이겨낸 사람만 진짜 승무원이 될 수 있다는 것을 명심하자.

12주의 교육을 마치면 실제 기내에서 'On the Job Training'을 한다. 카타르항공의 경우 'Trainee' 배지를 달고 총 4번의 비행을 하고, 국내 항공사는 2주간의 실습 비행을 한다. 이 기간에 실제 비행기에 투입되어 안전과 관련 없는(아직은 정식 승무원이 아닌 트레이닝 승무원이기 때문에 안전과 관련된 업무는 맡을 수 없다), 서비스와 관련된 업무를 경험하게 된다. 교실 수업과 달리 현장에서는 돌발상황이 많기 때문에 이 시기에 많은 혼란이 올 수 있다. 하지만 '모든 상황의 답은 매뉴얼에 나와 있다'는 것만 기억하면 된다. 왜 12주간 열심히 공부했는지 비행기에 탑승하면 알게 될 것이다. 이 기간이 끝나면 'Trainee' 배지가 아닌 본인의 이름이 적힌 명찰을 달고 비행하게 된다.

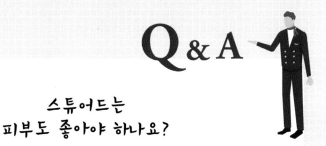

Q&A

스튜어드는
피부도 좋아야 하나요?

면접 진행 절차에 피부 상태를 체크 하는 과정이 있다. 피부 상태를 엄격하게 보는 싱가폴항공(참고로 싱가폴항공은 우리나라에서 스튜어드를 뽑지 않는다) 같은 곳에선 커다란 조명을 갖다 놓고 면접을 진행하기도 한다. 그렇다면 모든 스튜어드들은 피부에서 광이 나야 할까? 그렇지 않다. 일단 피부를 보는 이유는 건강한 피부인지, 아닌지 체크 하는 것이다. 피부의 잡티나 색상을 보는 게 아니다. 스튜어드라는 직업의 특성상 해외 비행이 잦고, 면역력이 약해질 수 있다. 이때 마시는 물에 따라 피부 상태가 달라질 수 있다. 아무리 피부가 건강한 사람이라도 뾰루지나 여드름 때문에 고생하는 경우가 있다. 따라서 이런 문제점을 사전에 제거하기 위해 승무원 지망생의 피부를 체크 하는 것이다.

실제로 카타르항공에 근무하는 동료가 피부 문제로 고생하는 걸 본 적이 있다. 입사 전엔 무척 건강한 피부였는데 비행을 하면서 뾰루지가 올라오는 등 피부트러블로 꽤 고생을 했다. 이 친구는 결국 도하의 물이 자기 피부와 안 맞는다는 걸 알고는 생수로 세수를 하기 시작했다. 나 역시 원인 모를 피부트러블로 며칠간 비행을 못 간 적이 있다. 물론 극히 드문 경우지만, 승무원이라면 어느 정도의 신체적 부담을 감수해야 한다.

카타르항공의 스튜어드들은 '커피 비너리'라는 카페를 참 좋아했다. 카페 주변에 승무원들의 숙소가 몰려 있어서 승무원들은 이곳을 자주 드나들었다. 내가 처음 카타르에 갔을 때부터 있었던 카페. 힘들었던 신입 승무원 교육 중에도 종종 찾았고, 수많은 동료와 함께, 심지어는 내 결혼 서류를 작성한 곳도 커피 비너리였다. 나는 동료 스튜어드들과 비너리에 모여서 이야기꽃을 피우곤 했다. 한국에선 남자들끼리 모이면 주로 술을 마시지만, 카타르는 이슬람 국가라는 특성상 술을 즐기는 분위기가 아니다. 그리고 특이하게도 우리 중에 술을 좋아하는 친구도 없었다. 나 역시 취할 정도로 술을 마시기보단 비행을 가면 그 지역 맥주를 한두 캔 사서 홀로 TV를 보며 마시곤 했다.

카타르항공의 한국인 스튜어드들은 성격도, 취미도 가지각색이다. 심지어 자라온 환경도 다르다. 나처럼 한국에서 온 친구도 있었지만, 한국이나 카타르가 아닌 제3국에서 살다 온 경우도 있었다. 반면 몇 가지 공통점도 있었는데, '머나먼 중동', '몇 안 되는', '한국인', '남자 승무원'이라는 점과 '말이 많다'는 것이었다. 이런 공통점은 우리의 단결력을 더 높여줬다.

2010년 남아공 월드컵 때의 일이다. 당시 카타르에서 근무하던 모든 한국인 스튜어드들은 똑같은 날 똑같은 비행을 신청했다(카타르항공은 비행 신청 프로그램이 있다. 신청한다고 다 되는 것은 아니지만 보통 10번 신청하면 3~4번은 자신이 원하는 곳으로 비행을 갈 수 있다). 요하네스버그에서 열리는 대한민국 vs 아르헨티나의 축구 경기를 보기 위해서였다. 모든 한국인 스튜어드들이 그날 경기에 맞춰 비행을 신청했는데, 운 좋게 나와 남자 후배 한 명만 한국과 아르헨티나 경기가 열리는 그날 요하네스버그행 비행 스케줄을 받을 수 있었다.

남자라면 누구나 한 번쯤은 월드컵이 열리는 나라에 가서 축구경기를 보고 싶다는 생각을 할 것이다. 나 역시 마찬가지였다. 마침 비행 스케줄도 나왔겠다 월드컵을 직접 볼 수 있다는 생각에 그날 비행은 어느 때보다 설레고 즐거웠다. 하지만 월드컵은 월드컵이었다. 당시, 요하네스버그 공항 사정으로 착륙이 늦춰졌고, 공항에서 호텔까지 가야 하는데 교통체증이 심각했다. 결국 우리는 호텔로 가는 버스 안에서 라디오로 경기 중계를 들어야 했다. 설상가상 리오넬 메시가 찬 프리킥이 박주영 선수의 발에 맞으며 들어가는 자책골이 이어지며 경기는 4:1로 무참히 져버렸다. 그날 호텔로 가는 버스 안에는 아르헨티나 국적의 승무원(이 친구도 축구경기 관람을 위해 비행을 신청했다)도 있어서 더욱 신경 쓰였다. 당시에는 분하고 속상한 마음이 컸는데 이제는 잊지 못할 추억이 됐다. 이런 서글픈 추억도 스튜어드였기 때문에 경험할 수 있었다고 생각한다.

Q & A

스튜어드라서 외롭거나
소외되는 일이 있나요?

스튜어디스가 많은 직장이라 남자는 상대적으로 소외될 거라 생각하면 안 된다. 오히려 스튜어드 수가 적기 때문에 서로 친근감을 느끼고 똘똘 뭉치는 경우가 많다. 군대 전우가 100점 만점에 90점이라면, 동료 스튜어드는 100점 만점에 100점이라고 할 수 있다.

카타르항공엔 지금까지 총 13명의 한국인 스튜어드가 있었다. 모두 나의 선배로, 동기로, 후배로 만난 인연이다. 한국인 스튜어디스가 가장 많았을 때가 약 1,300여 명 정도였는데, 그에 비하면 극소수였던 한국인 스튜어드들끼리의 관계는 좋을 수밖에 없다.

살아온 환경이나 지역, 성격과 취향마저 제각각이지만 '머나먼 중동에서 만난 한국인'이라는 공통점 하나로 엄청난 유대감을 느낄 수 있다. 업무 특성상 모든 인원이 한꺼번에 모일 수는 없지만, 서너 명 이상 함께 쉬는 날이면 모여서 한국 음식을 먹거나, 커피를 마시며 수다를 떤다. 스튜어드라서 소외되거나 외로울 일은 없다.

"승무원이라서 외롭지 않냐"는 얘기도 종종 듣는다. 아마도 일반 직장처럼 아침에 출근하고 저녁에 퇴근하는 게 아니라, 며칠씩 집을 비워야 하고, 설이나 추석 같은 명절에도 일해야 하기 때문인 것 같다. 하지만 8년 가까이 비행을 한 나로서는 '승무원은 외로운 직업이 아닌 자유를 만끽할 수 있는 직업'이라고 말하고 싶다.

혼밥의 달인이라 할지라도 12월 24일 저녁, 번화가의 삼겹살집에 혼자 들어가 식사를 주문하는 것은 힘들 것이다(큰 용기가 필요하거나). 반면 상황과 장소를 가리지 않고 혼밥과 혼술을 즐기는 것이 바로 스튜어드의 모습이다.

스튜어드라서 겪는 역차별이 있나요?

누구나 한 번쯤은 어떤 이유로든 차별을 당한 적이 있을 것이다. 하지만 승무원의 세계에선 스튜어드라서 얻는 혜택이 더 많다. 조직 구성원 대부분이 여성이므로(카타르항공은 약 1만여 명의 승무원 중 15%만 스튜어드다), 스튜어드와 스튜어디스가 똑같은 실수를 해도 스튜어드의 실수는 가볍게 여겨지는 경우가 많다.

일례로 카타르 도하에서 아프리카 알제리로 향하던 비행 중 일어난 일이다. 그날 내가 맡은 일은 갤리 업무, 즉 주방 담당이었다. 주방 담당 승무원은 기내식을 나르는 서비스 카트에 음식을 종류별로 실어야 한다. 별것 아닌 것처럼 보여도 중요한 업무다. 주방 담당 승무원이 승객 수를 세서 하나의 카트에 닭고기 요리 12인분, 생선 요리 12인분, 베지테리언 옵션 12인분씩 나눠 담으면 다른 객실 승무원이 카트를 끌고 나가 승객에게 제공하는 식이다. 그런데 내가 카트에 12인분씩 각각의 메뉴를 넣지 않고, 너무 바쁜 나머지 엉망진창으로 메뉴를 넣는 실수를 저질렀다. 내 실수로 인해 기내식 서비스는 평상시보다 두 배는 늦어졌고, 다른 객실 승무원들은 내가 잘못 정리한 카트를 가지고 승객들을 응대하느라 기내는 거의 아수라장이 되었다.

서비스가 끝나고 나는 사무장에게 불려갔다. 이런 문제는 단순한 사과로 끝날 일이 아니었다. 나 때문에 모두가 피해를 본 상황이라 어떤 질책을 당해도 할 말이 없었다. 그전에도 비슷한 일이 발생했을 때 동료들끼리 언쟁하는 것을 본 적이 있어서 더욱 걱정스러웠다. 크게 혼날 각오로 사무장에게 갔지만 "다음부턴 실수하지 말고 잘하라"는 가벼운 충고만 들었다. 예상치도 못한 반응이었다. 동료 스튜어디스들의 반응도 비슷했다. 나의 실수에 대해 사과하자 "그럴 수도 있지. 괜찮다"며 다들 웃어주었다. 사무장이 너그러운 사람이라 그랬을 수도 있지만, '내가 몇 안 되는 스튜어드라서 그랬던 건 아닐까?'라는 생각을 개인적으로 해 본 적이 있다.

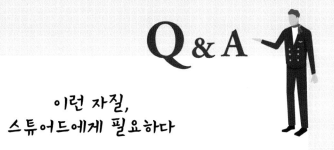

Q & A

이런 자질,
스튜어드에게 필요하다

하루에 수십 건도 넘는 쪽지와 메일을 받는다. 가장 많은 질문이 "제가 외모는 자신 있는데, 승무원 할 수 있을까요?"다. 비행을 하다 보면 객관적으로 봐도 키 크고 잘생긴 스튜어드들을 만나볼 수 있다. 심지어 방송을 하다가 스튜어드로 전향한 경우도 있다. 그렇다면, 스튜어드가 되는 데 외모가 큰 영향을 미칠까?

그렇지 않다고 생각한다. 스튜어드 중에는 꽃미남형도 있고, 훈남형도 있고, 호감형도 있어서 '스튜어드는 이런 이미지다'라고 단정하기 어렵다. 하지만 이들에게서 공통점을 찾을 수 있는데 바로 누가 봐도 반할만한 '미소'다. 유튜브나 SNS에서 활발히 활동하는 나를 보고 많은 사람들이 이런 생각을 했을지도 모른다. "잘생겨야 승무원이 되는 건 아니구나…" 나는 누가 봐도 잘생기진 않았지만 미소만큼은 자신 있다. 어디서 누구를 만나도 편안한 미소를 지을 수 있고, 먼저 밝게 인사를 건네는 편이다. 학교에서 학생들을 만나도 인사를 받기보다 먼저 다가가려고 노력한다. 외향적인 성격과 편한 이미지야말로 스튜어드에게 필요한 자질이다.

스튜어드 중에 미남이 많은 건 사실이다. 인정할 건 인정하자. 하지만 위에서 말한 것처럼 필수 요소는 아니므로 기죽거나 좌절하지 말자. 그럴 시간에 미소 연습이나 이미지 메이킹, 외국어 공부를 하는 편이 낫다.

Q & A

어학 점수가
가장 중요한가요?

토익 990점보다 더 중요한 것이 'open mind'다. 《케임브리지 사전(Cambridge dictionary)》에 따르면 "어떤 사실에 대해 편견을 갖지 않는 것(to wait until you know all the facts before forming an opinion or making a judgement)"을 open mind로 정의한다.

흔히 스튜어드가 되기 위해 토익은 무조건 900점이 넘어야 한다며 영어의 중요성을 강조하지만, 그보다 더 중요한 게 위에서 말한 '오픈마인드'다. 승무원은 매일 아침 새로운 지역에서 눈을 뜬다. 전 세계가 생활 반경인 셈이다. 이번 주는 카타르에서, 다음

주는 미국에서, 그다음 주는 러시아에서…. 이처럼 다양한 국적의 사람들을 만나고 부대끼며 사는 것이 승무원의 일상인데, 다른 문화에 대한 편견을 가지고 있다면 일을 하는 데 큰 문제가 될 수 있다.

카타르항공을 예로 들어보자. 전 세계에서 온 사람들이 회사의 구성원이므로, 이들의 국적만 모아도 작은 지구를 만들 수 있다. 5개 국어를 자연스럽게 구사하는 사람, 전직 모델, 전직 의사, 성 소수자, 세 번 결혼하고 세 번 이혼한 자유 영혼, 자신과 함께 비행 했던 사람들을 데스노트에 적는 사람 등…. 이처럼 각양각색의 사람들을 하나의 인격체이자 동료로 존중해주는 것이 오픈마인드라고 할 수 있다. 편견을 갖거나 색안경을 끼지 않고 바라보는 게 중요하다. 오픈마인드야말로 스튜어드가 가져야 할 필수 자질이다.

Q&A

스튜어드가 되기 위해 필요한
사회경험은 무엇이 있을까요?

제대로 된 팀워크를 경험해 보는 것이 좋다. 《표준국어대사전》에 따르면 "팀이 협동하여 행하는 동작. 또는 그들 상호 간의 연대"를 팀워크로 정의한다. 모든 승무원에게 꼭 필요한 능력이다. 특히 미래에 관리자로 일하게 될 스튜어드는 팀워크의 의미를 정확히 이해해야 한다.

팀워크는 승무원의 세계에서 아주 중요하다. 우리 팀과의 협력이 이루어져야 하고, 지상직 승무원, 정비사, 조종사와의 팀워크도 필요하다.

얼마 전 모 항공사의 인사팀장과 이야기하던 중 이런 말이 나왔다. "승무원에게 가장 중요한 건 팀워크 같다. 팀워크가 좋다는 건 소통이 된다는 뜻이니까. 면접을 볼 때도 '이 사람이 우리 팀과 잘 어울릴 수 있을까?'라는 고민을 가장 많이 한다." 나 역시 이 의견에 전적으로 동의한다. 소통이 단절되면 팀워크가 무너진다. 항공 역사상 최악의 참사로 기억되는 사건은 1977년에 일어난 팬아메리카 항공과 KLM의 사고이다. 583명의 사상자가 발생한 끔찍한 사고였는데, 사고의 주요 원인 중 하나가 소통 단절과 팀워크 문제였다(이 사고에 대한 자세한 내용은 유튜브 '미소 짓는 승무원'에서 찾아볼 수 있다). 이런 이유 때문인지 국내 면접장에서는 개별 질문을 토대로 팀워크를 확인하려 하고, 외항사 면접장에선 디스커션과 같은 팀 활동을 통해 각 승무원 지망생들의 팀워크를 확인하려 한다.

동유럽에서 온 '피오나'라는 스튜어디스와 도하에서 맨체스터로 가는 비행을 함께 한 적이 있다. 피오나는 동료들과도 잘 지내고 일도 잘하고, 자기 의견도 명확히 말하는 승무원이었다. 보통 비행 전에 승무원들은 체커(점검관)에게 복장 점검을 받는데, 이 날 피오나는 고정되지 않은 잔머리와 옅은 메이크업으로 지적을 받았다. 일하는 중간 에도 헤어가 정리되지 않은 모습이었는데 그 모습을 나만 본 것이 아니었다. 비행이 끝 난 후 호텔로 돌아가는데 우리 비행기에 탑승하고 있던 체커가 나를 부르더니 피오나 에 대한 이야기를 했다. "머리도 단정하지 않고, 화장도 안 한 얼굴이더라. 비행 중에 자신이 몇 번 지적했지만 대답만 할 뿐 전혀 개선하지 않았다"며, 체커는 승무원을 책 임지고 있는 내가 피오나에게 피드백을 줄 것을 요구했다.

비행 중 내 초점은 항상 안전이었기 때문에 스튜어디스들의 그루밍과 관련된 사항이 규정만 벗어나지 않으면 융통성 있게 넘기는 편이었다. 하지만 그날은 체커가 직접 나 에게 이야기한 상황이었기 때문에 평소처럼 넘길 수는 없었다. 규정에서 벗어난 점이 있다면 그걸 지적하고 알려주는 것이 매니저의 임무였기 때문이다.

우선 호텔로 들어가기 전, 피오나를 잠깐 불러 이야기했다. "피오나, 오늘 비행 중 보니 메이크업이 회사 규정보다 조금 옅은 것 같아. 내일은 규정에 맞춰 좀 더 진한 메이크업을 해줘. 그리고 내일 브리핑 시간에 메이크업에 대한 이야기를 할 거야. 물론 네 이름을 언급하진 않을 테니까 걱정 안 해도 돼." 라고 이야기 했다. 누구에게 '지적'을 당한다는 건 썩 유쾌한 일이 아니다. 나도 그것을 잘 알고 있기 때문에 피오나에게 이야기를 할 때 조심스러웠고, 피오나가 내 말을 오해하지 않길 바랐다.

다음날 브리핑 시간. 나는 호텔 로비에서 피오나를 보고 기절하는 줄 알았다. 그녀는 쥐를 잡아 먹은 것처럼 새빨간 립스틱을 바르고 나왔다. 나를 본 피오나는 활짝 웃으며 "나 잘하고 왔어?"라고 물었다. 상사의 피드백을 긍정적으로 받아들이고 잘못된 점을 수정하는 그녀의 행동이 멋져 보였다. 나 역시 크게 웃으며 "화장품 잡지 모델 같다"는 말을 해주었다. 그날 비행 내내 피오나는 빨간 입술을 유지했다. 보통 승무원들이 식사를 마치고 나면 립스틱이 옅어지곤 하는데 피오나는 그날 얼마나 덧칠을 했는지 비행이 끝날 때까지 빨간 입술을 유지했다.

이처럼 나는 매니저로서 동료에게 피드백을 했고, 그녀는 회사 규정을 따랐다. 게다가 고맙게도 내 의도를 알아차리고 비행 내내 새빨간 립스틱을 칠하고 다녔다. 비행을 마치고 헤어지던 순간 그녀는 나에게 "화장 고치라는 말을 기분 나쁘지 않게 해줘서 고맙다"는 말을 했다. 이처럼 서로를 이해하고 함께 공동의 목표를 향해 나아가는 모습. 바로 '팀워크를 실천하는 모습이 아닐까?'라고 생각한다.

Q & A

스튜어디스와 달리
따로 준비해야 할 것이 있나요?

'조직에서의 경험'이 꼭 필요하다고 생각한다. 항공사 면접관들과 스튜어드에 관해 이야기를 하다 보면 빠지지 않고 등장하는 말이 있다. "스튜어드는 미래 관리자를 만들기 위해 선발합니다. 그래서 스튜어디스에 비해 뽑는 인원도 적고, 스펙도 훨씬 높은 사람으로 선발합니다."라는 말이다. 네이버 국어사전에서 '관리'를 검색하면 세 가지 뜻이 나온다.

① 어떤 일의 사무를 맡아 처리함
② 시설이나 물건의 유지, 개량 따위의 일을 맡아 함
③ 사람을 통제하고 지휘하며 감독함

스튜어드는 위의 세 가지 일을 모두 하지만 그중 세 번째가 스튜어드가 수행하는 '관리' 업무와 가장 가깝다.

그런 의미에서 군대에서의 경험은 스튜어드에게 아주 큰 도움이 된다. 흔히, 군대를 제대하면 '철이 들어서 나온다'고 표현한다. 세상을 바라보는 눈도 달라지고, 조직 안에서의 대처방법도 달라진다. 이등병부터, 병장까지의 계급을 겪으면서 그 계급에서 지켜야 하는 삶의 방식과, 다른 사람들과의 상호 작용에 대해서 배운다. 더 간단히 얘기해서 내가 현재 호텔에서 근무를 하고 있는데, 손님에게 더 나은 서비스를 제공하고 싶다면 나도 직접 손님이 되어서 호텔의 서비스를 겪어봐야 손님의 생각을 이해할 수 있다는 의미다. 이런 의미에서 군대에서의 경험은 조직을 이끌어 나가는 데 큰 도움이 된다.

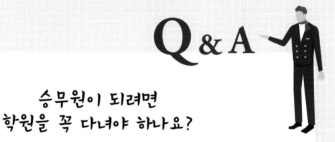

승무원이 되려면 학원을 꼭 다녀야 하나요?

컨설팅을 하면서 가장 많이 듣는 질문이다. 답을 줄 수 없는 질문이기도 하다. 토익 학원을 예로 들어보자. A와 B가 똑같은 학원에서 같은 강사의 수업을 듣는데, A의 성적은 쑥쑥 오르는 반면 B의 성적은 뚝뚝 떨어진다. 이처럼 학원 수업이 도움이 되는 사람도 있고, 그렇지 않은 사람도 있다.

내가 스튜어드를 준비하던 시절, 내 주위엔 승무원이라는 직업을 가진 사람이 아무도 없었다. 정보를 얻으려면 학원으로 가는 수밖에 없었다. 하지만 시대가 변했다. 유튜브나 인스타그램, 페이스북을 통해 현직 승무원들의 비행 모습을 볼 수 있고, 정보도 쉽게 얻을 수 있다. 답변을 받는다는 보장은 없지만 쪽지나 메일을 통해 질문을 할 수도 있다.

따라서 자신의 성격에 맞는 방법을 선택하는 것이 좋다. 스스로 학습하는 게 체질인 사람은 유튜브 등을 찾아 무료로 공부할 수도 있다. 주위에 승무원을 준비하는 친구가 있다면 함께 항공서비스학과에 가서 공부하는 방법도 있다. 이외에도 같은 꿈을 가진 사람들끼리 스터디 모임을 꾸리는 것도 좋은 방법이다. 준비 방법에 대해선 뒤에서 다시 한번 설명하겠다.

학원을 다니든, 다니지 않든 자신의 성격에 맞춰 준비하면 되지만, 가장 중요한 건 자신에 대한 믿음과 열정을 바탕으로 한 노력이라는 것을 잊지 말자.

TIP 남성이
지원할 수 있는
항공사

여성 채용이 많은 직업군이므로 남성은 경쟁이 치열할 수밖에 없다. 또한 모든 항공사에서 스튜어드를 채용하는 것도 아니다. 일단, 한국 남자가 승무원을 하기에 가장 가능성이 높은 항공사는 국내 항공사다. 비교적 채용이 많고, 기본 언어가 한국어이기 때문에 가벼운 마음으로 면접을 볼 수 있다. 대한항공을 포함한 모든 국내 항공사에서 스튜어드를 채용하고 있다.

현재 거의 모든 LCC에선 스튜어드 채용을 꾸준히 늘리고 있으며, 항공과가 있는 2~4년제 대학 역시 남학생들 모집을 늘리고 있다. 대부분의 항공사에서 10% 이상을 스튜어드로 채우고 있지만 아시아나항공은 기업 자체적으로 스튜어드의 채용을 전체 대비 5% 이하로 제한하고 있다. 채용설명회에서 밝힌 바에 따르면 아시아나항공은 스튜어디스 100명당 1~2명의 스튜어드를 채용한다.

그렇다면 외항사의 상황은 어떨까? 외항사는 크게 아시아, 중동, 유럽 국가로 나눌 수 있다. 아시아에 있는 LCC 항공사 중 에어아시아, 에어마카오, SCOOT, 캐세이드레곤에서는 한국 남성을 채용하고 있다. FSC 항공사인 캐세이퍼시픽에 근무하는 한국인 스튜어드도 있지만 최근 몇 년간 채용이 나지 않고 있다. 일본에 위치한 LCC인 피치항공에도 한국인 스튜어드가 있다. 하지만 일본 항공사에서 근무하려면 일본어를 자연스럽게 구사해야 한다.

중동 항공사는 현재 전 세계에서 가장 많은 승무원을 채용하는 항공사다. 에미레이트항공은 2017년 기준 약 30여 명의 한국인 스튜어드가 근무 중이다(외항사 중 가장 많은 한국인 스튜어드가 있다). 카타르항공은 현재 4명의 한국인 스튜어드가 근무하고 있지만, 모두 비행 경력 7년 이상인 시니어급 승무원이다. 가장 최근에 카타르항공에서 한국인 남성이 뽑힌 사례는 2017년 2월 토론토 오픈데이에서였다. 이 한국인 남성은 최종 면접을 5분만 보고도 합격했는데(일반적으로 최종 면접은 30분 정도 진행된다), 그 남학생과 대화를 나눠본 결과 사교성이 풍부하고, 영어를 원어민처럼 구사했다(정확히는 캐나다 영주권을 획득한 한국인이다). 이는 한국 남자가 외항사 취업을 고려할 때 영어가 중요한 기준이 됨을 의미한다. 실제로 내가 비행할 때 면접관이 탑승한 적이 있어서 '한국인 채용'에 대한 질문을 했던 적이 있었다. 첫 번째 답이 '영어'였다는 것을 생각해보면, 외항사에 취업하길 희망하는 사람들은 영어 실력을 늘려야 한다. 에티하드항공엔 현재 스튜어드로 근무하는 한국인이 없다. LCC 중 하나인 플라이두바이의 경우 현재 한국인 스튜어드가 근무를 하고 있다. 유럽의 KLM은 2년 계약직이라는 조건 때문에 현재는 한국인 남성이 없지만, 불과 몇 해 전까지 카타르항공에서 함께 일했던 선배가 스튜어드로 근무했었다.

외항사에서 마치 한국인 남성을 안 뽑는 것처럼 보이는 이유는 면접방식 때문이다. 국내 면접에선 남녀 승무원이 따로 면접을 보고 채용 인원도 남녀 각 ○○명으로 정해놓는다. 하지만 외항사에서는 한국인 남녀를 구분하지 않고, 남성과 여성이 한 조를 이뤄 면접에 참여한다. 거기서 더 뛰어난 인원을 선발하는 식이다. 따라서 외항사에 합격을 하려면 성별을 가리지 않고 모든 한국인과 경쟁해야 한다.

따라서 한국인 남성은 우선 국내 항공사를 목표로 준비하며, 영어 실력을 꾸준히 쌓아서 외항사의 채용이 났을 때 함께 지원하는 것을 추천한다. 영어는 국내든 외국이든 승무원으로 일 하려면 필요한 요소기 때문에 꾸준히 준비하는 것이 좋다.

"스튜어드가 있는 비행이 더 즐겁다?"

- K 항공 스튜어드 대상 연구 -

많은 스튜어드들이 면접 자리에서 "남성 승무원과 여성 승무원은 무엇이 다르다고 생각합니까?"라는 질문을 받는다. 나 역시 남학생들에게 같은 질문을 자주 한다. 대다수의 남학생들은 항공 보안 이야기를 하며 남성이 있기 때문에 항공 보안이 유지되는 것이라고 답한다. 하지만 한번 생각해보자. 어렸을 때부터 꾸준히 태권도를 해서 2단 보유자인 당신이 타고 있는 비행기가 30,000피트 상공에서 테러범에 의해 비행기가 납치됐다. 이때 태권도 실력을 마음껏 발휘하면 총을 든 테러범을 제압할 수 있을까? 운이 좋아 한 명의 테러범을 잡았다고 하자. 그 뒤에 있는 다른 조직원들은 어떻게 처리할 것인가?

다음은 2013년 항공대학교에서 발표된 이유정 씨의 석사 논문 가운데 일부이다.

신입 스튜어드의 팀 배속에 따른 조직 분위기, 조직몰입, 직무성과에 주는 영향에 관한 연구 —K 항공사 2011년 이후 입사한 스튜어드를 중심으로—

"본 연구는 K 항공사의 신입 스튜어드의 입사와 조직의 배속에서 팀조직으로 업무를 수행하는 조직에 영향을 줄 것이라는 가설에서 시작하였다. 1997년 이후 스튜어드의 채용이 없었던 K 항공사가 2011년 AIRBUS 380 항공기의 도입과 더불어 신입 스튜어드를 채용하였고, 2011년 이후 팀에 신입 스튜어드가 배속되었다.

··· (중략) ···

따라서 신입 스튜어드가 소속된 팀에서 조직의 팀원 간의 좋은 분위기를 보여주는 결과를 볼 수 있었고, 그것으로 인해 조직의 근무활동에 대한 집중을 하는 것으로 나타났다. 또한, 다른 동료들은 조직의 팀워크에 신입 스튜어드가 긍정적인 역할을 하는 요인을 가지고 있는 것에 대한 인식을 같이 하였고, 업무 부문에서는 관리자는 전체적인 평가자로서의 인식하여, 승객업무와 커뮤니케이션에 대해 더 긍정적인 인식을 가지고 있었다.

··· (중략) ···

또한 신입 스튜어드의 조직 배속 요인이 객실 승무원 조직 내의 조직 분위기와 조직몰입, 직무성과에 긍정적 양상을 보인다."

대학원 논문 가운데 일부를 가져왔기에 조금 어려울 수 있으니, 더욱 쉽게 이야기해 주겠다. 한마디로 "K 항공사에 스튜어드가 들어왔고, 그 스튜어드가 속한 팀의 분위기가 좋아졌고, 분위기가 좋아지니 일하기가 더욱 편해졌다. 특히 팀워크, 커뮤니케이션 부분에 많은 도움이 된다."는 이야기다.

나는 이 이야기에 전적으로 공감한다. 실제로 경험한 바에 의하면 함께 비행하는 팀원 중 스튜어드가 있고 없고에 따라 분위기가 완전히 달라지는 것을 느꼈기 때문이다. 여성만 있는 조직, 또는 남성만 있는 조직이 아니라 남녀가 적절히 섞여있는 조직의 분위기가 더 좋다는 것을 누구나 공감할 것이다. 이는 "남성이 낫다, 여성이 낫다"라는 뜻이 아니라 한 성별로만 구성된 집단보다 남녀 모두 있는 조직의 분위기가 훨씬 좋을 수밖에 없다는 이야기다.

나의 경험에 의하면 작은 비행기(에어버스 320)를 탑승하거나 큰 비행기(보잉 777-300)를 탑승할 경우에도 15명의 팀원 중 나 혼자 남자일 때가 많았다. 그 말인 즉 스튜어디스들끼리만 비행하는 일이 흔하다는 뜻이다. 이럴 때 스튜어드가 한 명이라도 있고 없고에 따라서 비행 분위기가 극과 극이 되는 상황을 자주 보게 된다. 비행을 시작하고 얼마 지나지 않아서 이를 알게 되었고, 내가 관리자가 되어서도 종종 이 문제로 인해 발생 되는 일을 회사에 보고해야 했다. 그리고 모든 현·전직 승무원과 이야기를 하다 보면 이 이야기에 공감하는 동료들이 많은 것을 볼 수 있다. 이런 사례를 볼 때 여러분은 '기내에서 스튜어드의 역할'이라는 질문에 다른 답변을 할 수 있지 않을까?

2

스튜어드, 어디서부터 어떻게 준비해야 할까?

나는 스튜어드에
적합한 성향일까?

학창시절 미팅이나 소개팅엘 나가면 "여동생이나 누나 있죠?"라는 소리를 많이 들었다. 주변에 여자 형제 사이에서 자란 남학생들이 있다면 그 친구의 성격이 어떤지 떠올려보자. 부드럽고, 주변 여자 친구들의 이야기도 잘 들어주고, 사람들을 이끌기보다 대화를 통해 상황을 풀려는 스타일일 것이다. 나 역시 이런 성격을 가지고 있다. 스튜어드라는 직업을 갖게 되고, 동료 스튜어드들을 접하다 보니 나와 비슷한 성격이 많았다(물론 무척 남성적인 성격의 스튜어드들도 있다). 성인 남성 6명이 저녁에 모인다면 흔히 밥을 먹고 맥주를 마시러 갈 것 같지만, 카타르항공 스튜어드들은 숙소에서 한국 음식을 만들어 먹고 다 함께 커피 비너리로 향했다. 커피와 달콤한 아라빅 스타일의 디저트를 먹으며 수다를 떨다 보면 어느 순간 '스튜어드들은 대부분 이런 성향이구나.'라고 깨닫는 순간이 온다.

'술을 먹기 힘든 중동 항공사라 그런 것은 아닐까?'라는 생각을 했던 적도 있었다. 하지만 국내 항공사에 다니는 후배 스튜어드들을 만나도 이들 역시 술보다는 사람들과 어울리기 좋아하고 이야기를 즐기는 모습을 보면 어느 항공사든 스튜어드는 기본적으로 "수다"를 좋아한다는 것을 느낄 수 있었다.

또한 대부분 섬세하고 배려심이 깊은 편이다. 엘리베이터나 문을 잡아주는 것은 일상이고, 다른 스튜어디스의 무거운 짐을 올리거나 내려주는 것도 예삿일이다. '스튜어드=매너가 좋아야 한다'라는 강박으로 하는 행동이 아닌 습관으로 몸에 밴 경우가 많다.

Q & A

국내 항공사와 외항사가 선호하는
스튜어드 스타일은 다른가요?

먼저 외항사와 국내 항공사의 차이점을 알고, 본인에게 맞는 항공사가 국내 항공사인지 외항사인지 확인하는 것이 중요하다. 국내 항공사와 외항사는 여러 가지 면에서 다르다. 그중에서도 "메인 공항이 어디에 있는지"와 "본인의 성격", 그리고 "영어"라고 생각한다. 현재 채용을 진행 중인 대다수의 외항사는 외국에 거주함을 당연시 하고 있다. 예를 들면, 카타르항공과 에미레이트항공의 경우 카타르 도하와 아랍 에미레이트의 두바이에 승무원 아파트를 제공하고 있다. 아시아에 있는 항공사도 이와 비슷하다. 캐세이퍼시픽항공의 승무원들은 홍콩에서 보조비를 받으며 생활하고 있다. 따라서 본인이 집을 떠나고 싶지 않다면 국내 항공사를 우선으로 하거나, 외항사지만 한국에서 거주할 수 있는 KLM 같은 항공사를 고려해야 한다.

또한, 자신의 성격과 항공사의 분위기가 맞을지 살펴보는 것도 중요하다. 국내 항공사의 경우 팀워크를 상당히 중요시하고, 승무원들 간의 위계질서도 강하다고 생각하지만, 이는 스튜어디스에게만 해당하는 문제일 수 있다. 흔히 스튜어디스의 세계를 '여자 군대'로 표현하지만, 스튜어드의 세계는 '같이 축구 하는 형, 동생 사이'로 생각하는 게 더 알맞다. 워낙 소수 인원이라서 회사가 다르더라도 공항에서 마주치면 더욱 친근한 느낌이 드는 것이 스튜어드의 세계다. 내가 비행기를 타면 나의 얼굴을 알아보고 인사를 하는 현직 승무원들은 거의 스튜어드들이다(그 정도로 스튜어드의 세계가 좁다).

본인의 영어 실력도 항공사를 선택하는 데 중요한 요인이 된다. 외항사는 영어가 기본이다. 30분~1시간(최종 면접)의 면접도 영어로 진행되고, 룸메이트와도 영어로 소통해야 한다. 물론, 회사에서의 교육도 영어로 진행된다. 심지어 한국인 승무원과 함께 비행을 하더라도 주위에 외국인 승무원이 있다면 그 외국인 승무원을 존중하는 의미로 다른 한국인 승무원과 영어로 대화해야 한다.

하지만 국내 항공사에서의 영어는 어느 정도 이상의 토익 또는 토익스피킹 점수만 있으면 시험을 보지 않고 면접을 통과할 수 있다. 하지만 이 책을 읽고 있는 그 누구도 본인의 토익 점수가 자신의 실제 영어 실력이 아니라는 것은 잘 알고 있을 것이다. 실제로 학생들과 상담을 하다 보면 토익 점수가 900점 이상임에도 말 한마디 못하는 친구들이 많은 것을 볼 수 있다. 이런 이유로 국내 항공사만 지원하는 학생들이 의외로 많다는 사실을 여기서 밝히고 싶다. 취업할 때가 되면 여러분도 비슷한 고민을 할지 모르니, 문제풀이 위주의 영어 공부보다는 실제 생활에서 사용할 수 있는 영어를 공부하자(이는 뒤에서 자세히 설명하겠다). 덧붙여, 승무원을 꿈꾸고 있다면 반드시 외항사, 국내 항공사 둘 다 준비해서, 모두 합격한 후 원하는 항공사를 택해서 가겠다는 목표를 세우자. 취업을 앞당길 수 있는 방법이 될 것이다.

Q&A

스튜어드 채용 시기가 정해져 있나요?

모든 기업은 해마다 비슷한 시기에, 비슷한 인원을 채용한다. 우리나라의 경우 보통 2월 졸업자들에 맞춰서 채용이 나오거나 9월 이후로 채용이 예정되어 있다. 하지만 항공사의 채용은 전혀 예측할 수 없다. 항공사 채용은 시기가 정해져 있지 않다. 일반적으로 국내 기업은 한해 두 차례의 채용 시기가 있지만, 항공사 승무원 채용은 예상치 못한 시기에 나온다는 것을 명심해야 한다. 가장 최근의 예를 들면 주요 항공사의 채용 시기는 다음과 같다.

국내 K 항공사 승무원 채용 횟수

연도	채용 횟수
2014	1월, 8월(남), 9월
2015	1월, 6월, 10월, 11월(남)
2016	1월(남, 여), 8월(남, 여)
2017	10월(남, 여)
2018	2월(남, 여), 6월(남, 여)

위의 표와 같이 항공사의 채용 시기는 절대 예측할 수 없다. 기본적으로 항공사의 채

용이 많은 이유는 항공사의 이직률이 높다는 것과 관련이 깊다. 다음은 2015년에 발표된 조영일 씨의 논문 중 일부이다.

항공객실 승무원의 직무 만족과 조직몰입이 이직 의도에 미치는 영향
"항공 객실 승무원은 이처럼 많은 여성들의 선망의 직업임에도 불구하고 이직률 또한 상당히 높은 직종이다. 국내 대형 항공사의 평균 이직률은 7.4%로 이는 2014년 평균 이직률인 4.4%보다 높은 수치이다."

또한, 2016년 이후 국내 LCC와 FSC는 경쟁적으로 항공기 도입을 추진하고 있다. 게다가 보잉은 "금융시장에 영향을 미친 최근의 사건들에도 불구하고 세계 항공기 대수는 장기적인 성장을 지속할 것, 또한 이러한 상승은 동아시아 지역이 이끌 것"이라고 〈2016~2035년 항공시장 전망 발표〉에서 밝혔다. 말인 즉, 항공기에 탑승할 승무원의 숫자는 계속해서 늘어날 것이라는 것이다. 이처럼 전체적인 항공사 승무원 채용시장은 커지고 있지만 문제는 정확한 채용 시기가 정해져 있지 않다는 것이다.

또한, 스튜어드의 채용률은 전체 승무원 인원의 10~15%밖에 안 된다는 것을 명심해야 한다. 따라서 항공사 채용이 발표되면 스튜어드 지망생들은 '남녀 함께 채용'인지 '스튜어디스' 채용인지를 가장 먼저 확인해야 한다. 하지만 너무 걱정할 필요는 없다. 대한항공의 경우 지난 2015년 11월에 승무원 채용을 하고, 바로 두 달 뒤 다시 스튜어드를 채용할 정도로 채용이 잦아지고 있다.

더불어 "올해는 승무원 채용이 가장 많을 것"이라는 소식도 해마다 들리고 있다(이 소문은 10년 전부터 해마다 반복되고 있다). 10년 전, 나는 미국 어학연수를 준비하다가 우연히 승무원 학원을 방문하게 되었다. "올해 승무원 채용이 가장 많을 것이니 이 기회를 놓치지 말라."는 말에 어학연수를 취소하고 부모님 카드를 긁어 승무원 학원에 등록했다. 비록 그 학원을 이틀 나가고 환불했지만(이는 학원이 좋다 나쁘다를 말하는 게 아니다) 결과적으로 승무원이 되긴 했다. 10년 전인 그때나 지금이나 '올해는 승무원 채용이 가장 많을 것'이라는 공식은 유효하다. 저비용 항공사의 등장과 함께 우리나라에서의 승무원의 채용은 계속해서 많아지고 있기 때문이다.

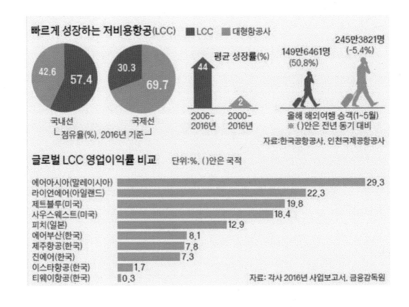

위의 그림에서 보다시피 저비용 항공사의 전체 좌석 점유율은 국내선 57.4%, 국제선 30.3%를 차지하고 있으며, 앞으로 20여 년 동안 동북아시아 지역의 항공 산업은 계속해서 발전해 나갈 것이다. 즉, 비행기가 많아지기 때문에 어쩔 수 없이 뽑아야 하는 승무원의 숫자는 계속 늘 것이라는 결론이 나온다.

하지만 이에 대한 반론도 존재한다. 2017년 11월에 열린 항공산업전망 세미나에 따르면 현재 우리나라의 항공 산업에서 LCC 비율은 인구대비로 봤을 땐, 전 세계에서 가장 높은 측에 속한다.

국가	인구(명)	LCC 항공사	인구수/LCC(명)
한국	5천 1백만	6	850만
미국	3억 2천만	7	4,600만
일본	1억 3천만	8	1,600만

출처 : 2017년 항공산업 전망 세미나

위의 표에서 보다시피 우리나라보다 6배나 인구가 많은 미국과 LCC 항공사의 숫자가 비슷하며, LCC 1개 회사당 인구수는 전 세계에서 가장 낮은 수치를 나타내고 있다. 하지만 단순히 숫자로 비교하기엔 무리가 있다. 미국의 저비용 항공사인 사우스웨스트항공 같은 경우는 비행기 대수만 583대로, 이는 대한항공(180대)의 약 3배에 이른다. 또한, 제주항공이나 티웨이항공 같은 LCC에서 승무원 그루밍 규정 철폐, 개방적인 기업문화 창조와 같은 다양한 시도로 많은 승무원 준비생들의 지지를 받고 있

다. 채용 시기는 알 수 없지만, 계속해서 늘어나는 추세이며, 2018년 현재도 여러 신규 LCC들이 국토교통부의 허가를 받기 위해 준비 중이라는 즐거운 소식이다.

이런 여러 가지 외부환경의 변화에도 불구하고 국민의 소득수준 향상과 기술의 향상으로 인해 항공산업의 채용이 계속해서 많아질 것이라는 짐작은 누구나 할 수 있다.

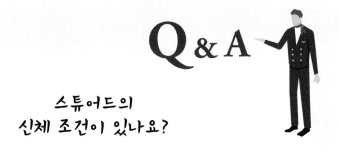

Q & A

스튜어드의
신체 조건이 있나요?

까다로운 신체조건을 요구하지는 않는다. 대한항공의 지원 자격을 살펴보면 "기내 안전 및 서비스 업무에 적합한 신체조건을 갖춘 분"이라고 되어있다. 스튜어디스 채용의 경우 키가 작은 지원자가 있을 때에는 암리치 측정도 하지만, 스튜어드 채용 시 암리치가 문제 된 경우는 아직 보지 못했다.

또한 시력과 관련된 질문도 종종 받는데 라식이나 라섹 수술을 해도 문제없고, 렌즈를 껴도 괜찮다 단, 렌즈를 착용할 경우 장거리 비행 시 눈이 많이 건조해진다는 이야기를 미리 해주고 싶다. 이런 이유로 승무원 합격 후 라식이나 라섹 수술을 하고 출근하는 사람도 많다. 중동항공사나 외항사에선 회사의 허락하에 안경을 쓰고 근무하는 승무원도 많다(우리나라에서는 아직 까지 일부 회사에서만 안경 착용이 허용되고 있다).

항공사 면접은
일반 기업면접과 다르다?

2015년 5월 에미레이트 항공은 "전 세계적으로 5,000여 명의 신입 승무원을 채용하겠다."고 발표해 전 세계를 놀라게 했다. 에미레이트항공은 현재도 가장 많은 채용을 하는 항공사다. 발표 후에는 공격적으로 전 세계에서 채용을 시작했다. 당시 에어버스 380이 한 달에 한 대 이상 에미레이트항공으로 들어오던 시기라 이상할 것도 없었다. 그런 에미레이트항공의 대규모 채용에 우리나라 채용시장 역시 빠질 수 없었다. 일단 시작은 8월이었다. 한국에서 일차 채용이 잡혔다. 몇 년 만에 재개된 에미레이트항공의 채용이었기에 외항사 지망생들은 환호했다. 하지만 그게 끝이 아니었다. 면접 준비생들이 한참 땀을 쏟던 7월쯤, 10월에 한국에서 이차 채용이 잡혔다는 소식이 들렸고, 그 뒤로 12월에 3차 채용이 잡혔다. 그다음 해에는 4차 채용이 잡혔다. 전 세계에서 5,000명을 채용한다던 에미레이트항공은 한국에서만 6개월 동안 4번에 걸친 채용을 실시했다. 외항사를 준비하던 수많은 학생들이 뽑혀갔다. 그리고 그것이 한국에서의 마지막 채용이었다.

2016년 초의 4차 채용을 마지막으로 현재까지 한국에선 단 한 번의 에미레이트 항공 채용이 없었다. 또한, 2017년에 에미레이트항공은 전 세계적으로 단 한 명의 신입 승무원도 뽑지 않았다. 외항사를 준비하던 지망생들에게 이러한 사실은 너무나 힘든 소식이었다. 이런 힘든 2017년을 거쳐 2018년 한국에서 에미레이트항공의 공식채용이 예정되어 있다. 이러한 채용의 불규칙성이 항공사 면접의 가장 큰 특징이라고 할 수 있다.

카타르항공 역시 전 세계에서 가장 채용을 많이 하는 항공사 중 하나다. 지금도 전설로 전해지는 카타르항공의 채용 에피소드가 하나 있다. 2012년 경 카타르항공에서 대규모 채용이 있었다. 당시 카타르항공에 근무 중이던 한국인 승무원만 약 600여 명이었는데, 카타르항공에선 우리나라에서만 약 600명의 승무원을 추가로 채용하였다. 당시 2~3개월에 걸쳐 벌어진 채용이었는데, 그 채용이 이후 카타르에 사는 한국인의 수가 두 배가 되었고, 카타르항공에 다니는 국적별 순위를 매겼을 때 한국인의 숫자가 3위 정도에 올랐다고 하니 얼마나 많은 인원을 한꺼번에 채용했는지 알 수 있다. 그 당시 나는 인천 비행을 한 달에 두세 번 정도 왔었는데, 보잉 비행기에 탑승하는 약 350여 명의 승객들 중 약 20명 정도가 카타르 도하로 가는 신입 승무원이어서 신입직원들과 인사하기 바빴다. 이런 게 바로 절대 예측할 수 없는 항공사의 채용이다.

이런 믿을 수 없는 상황이 외항사에서만 벌어지는 일일까? 국내 항공사 역시 비슷한 경우가 많다. 2016년 봄, 아시아나항공은 15년 만에 희망퇴직을 받기 시작했다. LCC의 신규 시장 진출과 외항사의 공격적인 경영으로 인해 아시아나항공은 신규인원 채용을 줄이고, 해외 지점을 축소하고, 비핵심업무는 아웃소싱으로 전환했다. 우리의 관심사인 승무원 채용 역시, 공식적으로 해당년은 채용을 하지 않겠다고 발표하고 당시 지상직 승무원 중에서 승무원으로 전환신청을 받기도 하였다. 이러한 아시아나항공의 조치는 다행스럽게도 해당년 겨울 채용이 다시 살아나는 듯했지만 현재까지도 예전의 국내 양대 항공사로서의 모습은 보이지 못하고 있다. 이처럼 기업의 내외부 환경의 영향을 가장 많이 받는 것이 항공사이기 때문에 항공사의 채용은 누구도 예측할 수 없다. 하지만 전체적인 채용시장의 분위기는 FSC는 예전과 비슷하거나 줄어드는 추세이고, LCC는 계속해서 증가하는 추세이다.

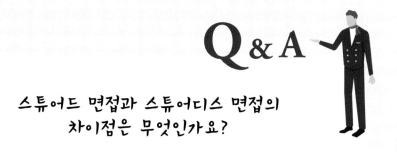

Q & A

스튜어드 면접과 스튜어디스 면접의
차이점은 무엇인가요?

지난 2017년 S 대학에서 열렸던 A 항공사의 채용설명회에서 인사담당자가 이렇게 말했다. "저희는 남성 지원자와 여성 지원자를 뽑는 기준이 약간 다릅니다. 남성 지원자는 추후 관리자를 목표로 선발하고 있습니다". 이 말의 의미를 잘 생각해봐야 한다. 내가 지금까지 근무했던 바로는 스튜어드와 스튜어디스의 업무상 차이는 없다. 물론, 남성 중에 무술 유단자가 많기 때문에 보안 부분이나, 힘을 사용하는 면에서 여성보다 유리할지 몰라도 그것을 제외하면 남성과 여성의 업무는 똑같다(물론 요즘 들어 보안 문제가 큰 이슈로 떠오르며 항공학과나 항공사에서 남자승무원을 더욱 많이 뽑으려는 추세다). 미래의 관리자를 목표로 채용하므로 스튜어디스 선발 때보다는 상대적으로 스펙을 많이 본다. 또한, 승무원에 대한 문제뿐만 아니라 일반 상식에 대한 문제도 많이 나오는 편이다. 이런 이유로 스튜어드 면접은 스튜어디스 면접과 비교했을 때 상대적으로 일반 기업 면접과 비슷한 분위기가 연출되기도 한다. 하지만 기본적으로 스튜어드 합격을 위한 1단계는 승객에게 호감을 줄 수 있는 인상이기 때문에 기본적인 이미지는 갖추어야 합격 가능성이 높아진다.

"관리자를 뽑기 때문에 스펙을 본다."라고 이야기를 하면 반드시 나오는 말이 '최종 학력'에 관한 질문이다. 자격조건을 갖추고 있으면 누구나 지원, 합격할 수 있다. 만약 자신이 학력에 자신이 없다면, 학력을 뛰어넘을 다른 무기를 계발하면 된다. 영어를 잘한다면 학력에 대한 부담이 덜한 외항사에 지원하는 것도 좋은 방법이다. 안 될 것을 두려워 하지 말고 일단 부딪혀라. 나 역시 카타르항공에 지원했을 때 면접관이 나에게 "우리는 이번에 한국에서 스튜어드 안 뽑을 거야."라고 말했음에도 합격했던 경험이 있다. 중요한 것은 스펙이 아니라 하고자 노력과 열정, 그리고 실력이다.

Q & A

면접은
어떻게 준비해야 하나요?

면접을 준비하는 방법은 크게 스펙 쌓기, 답변 준비, 실전 연습(스터디)으로 볼 수 있다. 스펙 쌓기는 우리가 원하는 기업의 서류 통과를 위한 첫 관문으로서 토익, 토익 스피킹, 제2외국어, 봉사활동, 학점 관리 등 다양한 과정을 시간을 갖고 미리 준비할 필요가 있다. 특히, 4년제 학생들이라면 4학년 1학기까지 외국어 점수를 갖춰 놓고, 여름방학을 이용해 답변 준비와 스터디를 진행하고, 2학기부터 실제 면접에 도전하는 것이 좋다.

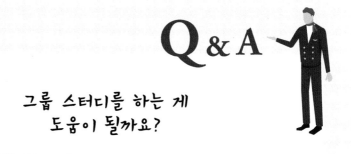

Q & A

그룹 스터디를 하는 게
도움이 될까요?

당연하다. 하지만 승무원 스터디는 친목 도모를 위해 가는 곳이 아님을 알아야 한다. 스터디는 승무원을 준비하는 데 꼭 필요한 필수코스다. 카타르항공에서 후배들과 이야기 하던 중 학원, 과외, 스터디에 대한 이야기가 나왔었다. 카타르항공을 다니던 한국인 후배 중 학원이나 과외를 안 다닌 사람은 있었지만, 스터디를 안 한 승무원은 없었다. 그 정도로 스터디는 한국에서 승무원을 하는 데 빠져서는 안 될 준비 방법이다. 그런데 재미있는 것은 이런 스터디가 우리나라에만 존재하는 특이한 방법이라는 것이다. 승무원에 대한 열기가 우리나라만큼 높은 일본도 스터디라는 방식은 존재하지 않는다.

그렇다면 스터디를 하는 목적은 무엇일까? 많은 학생들이 스터디의 목적을 정보 공유, 답변 수정이라고 생각하지만, 스터디의 가장 큰 목적은 '타인 앞에서 떨지 않고 말하는 실력 키우기'라고 할 수 있다. 정보는 인터넷에서 찾을 수 있다. 유튜브를 뒤지면 현직 국내외 승무원들이 비행하면서 겪는 이야기들을 들을 수 있다. 채용 소식은 미소 짓는 승무원 카페에 채용 게시판 알림만 설정해 놓으면 받아볼 수 있다. 나와 실력이 비슷한 학생들끼리 답변 수정을 한다고 면접관이 혹할만한 답을 찾을 수 없다. 하지만 스터디에서는 면접장과 같은 분위기의 긴장된 상황을 연출할 수 있다. 매일 똑같은 사람끼리 모여봐야 떨리는 분위기를 만들 수 없다. 사람이 계속 바뀌는 스터디라야 다른 사람 앞에 섰을 때 떨리는 기분을 만들 수 있다.

스터디에선 '다른 사람 앞에서 떨지 않으며 이야기 하기'를 연습하라. 그리고 자세, 표정, 목소리 등도 스터디에서 잡아주면 된다. 전문가가 아니라도 '자세가 구부정한지, 웃고 있는지, 목소리는 듣기에 좋은지'와 같은 사항들은 조언해 줄 수 있다. 따라서 스터디에서는 이런 부분을 점검 받는다는 자세로 임해야 한다.

Q & A

면접 스터디를 진행할 때 주의해야 할 점이 있나요?

면접 스터디는 가장 효율적일 수도, 혹은 가장 시간 낭비가 될 수도 있다. 스터디가 시간 낭비로 이어지는 경우는 다음과 같다.

스터디에서 잡담만 한다

흔히 스터디에서 항공사 채용과 관련된 루머가 많이 오간다. 그중 가장 쓸데없다고 생각되는 루머가 "삼진아웃"이다. 삼진아웃은 '세 번 이상 실무에서 탈락하면 그 회사의 블랙리스트에 오른다'는 이야기다. 하지만 모든 항공사의 채용·설명회에서 "불합격한 사람이 다음 채용 때 다시 지원하더라도 불이익은 없다"고 공식적으로 발표했다. 또한, 실제 승무원들 중에서도 여섯 번 만에 합격한 경우도 있다. 이런 이야기는 에너지만 갉아먹는 영양가 없는 이야기이므로 흘려버리는 것이 제일 좋다.

피드백에 집착한다

스터디를 경험해본 사람들은 쓸데없이 공격적인 말을 듣고 상처받은 적이 있을 것이다. 피드백은 긍정적이거나 부정적인 피드백이 있다. 그리고 면접 스터디에서는 서로 간에 도움이 되는 긍정적인 피드백을 주고받는 것이 좋다. 하지만 대다수의 스터디가 시간이 지날수록 상대방에게 도움이 안 되는, 의미 없고 해결책도 없는 피드백만 주고받게 된다. 이럴 때는 다른 스터디로 옮겨 분위기를 전환하는 것이 좋다. 또한 언어보다는 비언어적 표현에 주목하자. 스터디를 통해서는 답변과 같은 언어적 표현이 아니라 눈으로 볼 수 있는 비언어적 표현에 주목하자.

미국 UCLA의 심리학 교수 알버트 메라비언(Albert Mehrabian)은 그의 저서인 《Silent Message》에서 비언어 커뮤니케이션의 중요성에 대해서 설명하였다. '비언어 커뮤니케이션'은 인상, 목소리 톤과 크기, 몸짓, 외양, 태도와 같은 언어 이외의 눈으로 볼

수 있는 요소를 의미한다. 메라비언은 커뮤니케이션에 있어서 실제로 정보를 전달할 때 중요한 것은 언어정보(7%)가 아니라 청각정보(38%)와 시각정보(55%)라고 밝혔다.

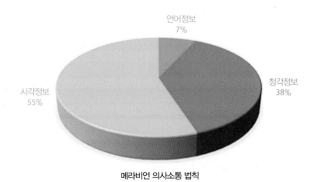

언어정보
7%

청각정보
38%

시각정보
55%

메라비언 의사소통 법칙

흔히 옆 친구가 "너무 기뻐"라고 이야기하는데 표정이나 목소리가 밝지 않다면 여러분은 어떻게 생각하는가? 이처럼 비언어적인 요소가 면접에서도 중요하게 작용한다. 또한, 이런 비언어적인 요소는 전문가가 아니라도 쉽게 알아챌 수 있다. 예를 들면, 스터디에서 여러분이 웃고 있는지, 자세가 구부정한지, 표정이 밝은지 등을 쉽게 알아차리고 피드백을 주고받을 수 있다. 또한, 동시에 자신이 개선해야 할 점을 파악하기 위해 동영상을 촬영하면서 스터디하는 것도 추천한다.

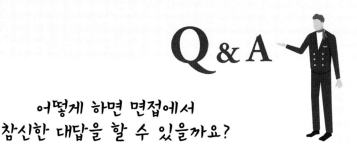

Q & A

어떻게 하면 면접에서
참신한 대답을 할 수 있을까요?

기업에 대한 분석과 자신의 장단점을 파악했다면 다음은 자신만의 차별화된 답변을 만들어야 한다. 이유는 다음과 같다.

지원자가 너무 많기 때문에 면접관이 한명 한명 기억할 수 없다. 대한항공의 경우 서류 통과는 약 70~80%, 아시아나항공 및 저비용 항공사의 서류 통과율은 20~30%이다. 면접은 보통 일주일 안에 모두 끝난다. 지난 2017년 채용설명회에서 나왔던 인사과 담당자의 말을 빌리자면 2016년 아시아나항공 채용에 응시한 지원자는 12,000명이었다. 이중 20%만 면접까지 간다고 계산했을 때, 2,400명이 면접을 볼 수 있다. 월~금까지 5일간 2,400명의 면접을 진행한다면 하루에 480명이 면접에 참여한다. 하루에 480명씩 면접을 보는데 대부분 지원자의 답변이 비슷하다면 어떨까? 이럴 때 어떤 답변을 해야 면접관의 이목을 집중시킬 수 있을까? 여러분이 배우와 같은 외모를 가졌거나, 아주 특별하거나 특이한 경험을 하지 않은 이상 면접관의 관심을 끌기는 힘들 것이다. 따라서 나만의 차별화된 답변을 만들어야 한다. 자신만의 경험이 들어간, 남들이 베낄 수 없는 답변을 만들어야 한다.

대학에서의 강의와 컨설팅을 통해 학생들을 지켜보면 자신만의 차별화된 답변을 만드는 데 한두 달이면 충분하다는 것을 볼 수 있었다. 외항사는 영어까지 준비해야 하므로 4~5개월의 기간을 잡는다(물론 이보다 훨씬 긴 시간이 걸릴 수도 있다). 하지만 본인이 현재 국내 항공사 승무원 준비를 하는데 2개월이 지났음에도 답변을 못 만들었다면 실천력이 부족하거나, 방법이 잘못된 것이니 다시 한번 자신의 방법을 체크 하기 바란다.

Q & A

항공사 면접 답변에
공식이 있을까요?

'틀'이라는 말을 들어본 적이 있는가? 네이버 국어사전에는 틀을 다음과 같이 설명한다.

① 골이나 판처럼 물건을 만드는 데 본이 되는 물건

② 일정한 격식이나 형식

즉 '일정한 격식이나 형식'이 면접 답변을 만드는 데 필요하다. 모든 면접 답변은 2단계의 공식을 갖고 있다. 이 공식의 틀에 맞추기만 하면 간단히 여러분만의 답변을 만들 수 있다.

Q & A

> 답변 만드는 공식 = 주제(두괄식) + 나의 경험

공식 1. 주제문으로 시작한다

자신이 하고자 하는 말이 첫 문장에 나와야 한다. 면접관은 한가한 사람이 아니다. 첫 문장에 여러분의 의도가 드러나지 않는다면 면접관의 관심을 끌 수 없다. 누군가와의 대화에서 "그러니까, 결론이 뭔데?"와 비슷한 말을 들어본 적 있다면 바쁜 상대방(면접관)을 위해 결론을 먼저 이야기하는 연습이 필요하다. 그리고 그 뒤에 주제 문장을 뒤따르는 실제 경험이 스토리텔링으로 나와야 한다.

예를 들면, "승객과 친해지는 자신만의 노하우를 이야기해 보세요."라는 질문을 받았다고 하자. 답변은 아래의 예처럼 '주제+예시'의 순서대로 나와야 한다.

주제
"저는 승객과 공통 관심사를 이야기하면서 친해질 수 있도록 하겠습니다."

예시

"제가 커피숍에서 아르바이트를 하던 중 한 손님이 몇 시간 동안 혼자서 앉아 계신 것을 보았습니다. 긴 시간을 혼자서 쓸쓸히 계셨기에 함께 나눌 이야깃거리 없을까 고민을 하던 중 이 손님이 제가 공부하고 있는 토익 교재와 똑같은 것으로 공부하는 것을 보았습니다. 저는 "그 책 생각보다 어렵죠?"라는 말을 건네며 손님에게 자연스럽게 다가갈 수 있었습니다. 그 손님 역시 처음 보는 저에게 "네 많이 어려워요."라고 대답해줬습니다. 그렇게 손님과 자연스럽게 대화할 수 있었습니다. 이처럼 저는 공통 관심사를 찾아내며 다른 사람과 쉽게 친해지곤 합니다."

또 다른 예로, "왜 당신을 뽑아야 하나요?"라는 질문을 살펴보자.

주제

"저는 3년 동안 서비스업에서 아르바이트를 하며 미소를 통해 누구보다 손님들과의 대화를 잘 이끌어 나간 경험이 있기 때문입니다."

예시

3년간 ○○레스토랑에서 서버로 일하며 하루에 최소 30명 이상의 손님을 만날 수 있었습니다. 모든 손님들은 다른 취향을 갖고 있었지만 공통점은 '웃는 얼굴로 서비스하는 직원에게 나쁜 소리를 하지 않는다'는 것이었습니다. 한 손님은 컴플레인을 걸기 위해 벨을 눌렀다가 환하게 웃으며 다가가는 저를 보시고 "차마 컴플레인을 못 걸겠다"고 말한 적도 있습니다. 이처럼 저는 서비스 아르바이트를 통해 미소가 가진 힘을 배웠습니다. 이런 이유로 저를 뽑아야 한다고 생각합니다.

여기서 한 가지 주의할 점이 있다. 학교에서 강의를 하다 보면 '기-승-전-승무원'의 형식으로 답변을 준비하는 학생들이 많다. 특히, 항공서비스학과 학생들이 이런 식으로 답변을 만드는데, 만일 여러분이 면접관이라고 생각을 해보자. 여러분이 한 학생에게 세 가지 질문을 했다. 이 학생은 모든 답변의 마무리에 "저는 이러이러한 경험이 있기 때문에 ○○항공의 승무원으로 적합합니다. 열심히 하겠습니다."라고 한다. 여러분이 면접관이라면 어떤 느낌이 들겠는가? 한 문제 정도는 이렇게 끝을 맺어도 좋다. 하지만 4~5개의 질문을 받았는데, 이런 식의 대답을 반복한다면, 여러분 스스로 생각해도 조금은 부자연스럽지 않은가? 여러분의 답변을 확인하고 싶다면, 면접관의 입장이라고 생각하고 답변을 들어보자. 면접은 여러분의 진심을 드러내는 곳이 되어야 한다. 학원이나 과외에서 배운 답변이 아닌 여러분의 모습을 보여줘야 한다.

또한 각 항공사별 지원동기가 똑같아서는 안 된다. 국내의 K 항공사든, A 항공사든, 외항사든 지원동기는 모두 달라야 한다. 여러분이 단체로 미팅을 나갔다고 가정해보자. 여학생 A와 B의 스타일이 똑같을 수는 없다. 여학생 A가 귀엽고 동생 같다면, 여학생 B는 타인을 배려하고 사람을 이끄는 누나 같은 스타일이다. 이처럼 상대에게 끌리는 이유는 제각각이다. 여기서 '끌리는 이유'가 지원동기에 해당한다. 이 지원동기는 반드시 각 항공사별로 만들어 놔야 한다.

하지만 많은 승무원 지망생들과 이야기하다 보면 거의 100%의 학생들이 하나의 지원동기를 모든 항공사에 사용하는 것을 볼 수 있다. 더 놀라운 것은 3~4년 전에 합격한 사람의 수기를 몇천 원에 다운받아 그대로 사용하는 경우도 있다. 각 기업의 비전과 미션, 인재상, 중장기 목표, 기업의 강령, CEO의 성향이 전부 다르기 때문에 반드시 여기에 맞춰서 각기 다른 지원동기를 작성해야 한다.

이를 위한 가장 좋은 방법은 그 기업에 대한 이해도를 높이는 것이다. 홈페이지에 나와 있는 기본 사항, 특히 회사 소개와 CEO의 말, 그리고 가장 최근에 그 회사와 관련해서 매스컴에 등장한 내용은 반드시 알고 있어야 한다(미소 짓는 승무원 카페에서 이와 같은 기업 정보를 〈미소웹진〉이라는 이름으로 무료 제공하고 있다. 필요한 사람은 미소 짓는 승무원 카페를 통해 신청할 수 있다). 이처럼 각 기업의 이해도를 높이기에 가장 좋은 방법은 항공사별 노트를 따로 만드는 것이다. A 항공사를 준비할 땐 A 노트만 참고하여 다른 회사와 헷갈리는 일이 없도록 하자. 각 항공사의 기업 노트에 반드시 들어가야 할 사항은 다음과 같다. 아래의 기업 분석은 항공과 입시에서도 그대로 적용할 수 있다.

① 기업의 개요(정식 명칭, 창업일, 창업자, 현 CEO, 창업정신, 연혁, 경영이념)

특히, 영문명은 회사마다 다른 경우가 많다. 예를 들어, 나는 카타르항공을 다녔음에도 가끔 우리 회사의 영문 명칭이 Qatar airways인지 Qatar airline인지 헷갈릴 때가 있다. 지원하는 기업의 공식 명칭은 확실히 알아야 한다. 특히 홈페이지에 있는 창업자의 경영 철학이나 CEO 인사말을 통해 기업의 분위기나 지향점을 알 수 있다. 이는 모든 임직원이 강조하는 사항이니 내용을 숙지하는 것이 좋다. 또한, 기업의 CEO나

창업주가 쓴 저서가 있다면 반드시 읽어보고 자신의 지원동기 안에 언급하는 것도 좋은 방법이다. 나 역시 박사과정 면접에서 지도 교수의 논문을 사전에 읽고 실제 면접 때 언급하여 좋은 점수를 얻은 경험이 있다.

② 기업의 홈페이지 주소

'홈페이지 주소를 아느냐? 모르느냐?'는 '우리 회사 홈페이지를 방문해 보았는지, 그렇지 않은지'로 다가올 수 있다.

③ 기업의 조직도(관련 계열사)

K 항공과 A 항공 같은 대기업에 속해 있는 항공사라면 반드시 주변 계열사들을 알고 있어야 한다. 또한, 저비용 항공사 같은 경우도 요즘은 다른 모기업에 속해 있는 경우가 많다. 이럴 때는 모기업의 기업 정신과 LCC의 기업 정신이 일치한다는 사실을 잊지 말자. 예를 들어, 국내 LCC 중 하나인 T 항공사 같은 경우는 모기업이 출판사이다. 그럴 경우에는 모기업 출판사의 기업정신을 T 항공사와도 매치시킬 수 있다.

④ 기업의 비전과 미션

비전과 미션은 토씨 하나 틀리지 않고 그대로 외워야 한다. 왜냐하면 이미 수많은 면접장에서 "우리 회사의 비전과 미션을 말해보시오"라는 기출문제가 있었기 때문이다. 또한 승무원으로 합격해서 근무하게 되면 주기적으로 승무원 평가를 받게 되는데, 그때 "우리 회사의 비전과 미션은 무엇인가?"를 묻는 문제가 자주 등장한다.

⑤ 기업의 인재상, 복지제도, 각 직급별 구성도

기업의 인재상 역시 면접에 자주 출제되는 문제다. "우리 항공사의 인재상에 대해 말해보시오."부터 "우리 항공사의 인재상과 자신이 일치하는 부분"을 묻는 문제까지 있다. 복지제도도 마찬가지다. 가고자 하는 회사의 복지제도를 살피는 것은 당연한 인간의 심리라고 할 수 있다. 각 항공사마다 서로 다른 직급을 가지고 있다. 사무장도 한 개의 사무장만 있는 것이 아니다. K 항공사를 예로 들면 다음과 같다.

직급	구분	승급기간
상무대우 수석 사무장 VP	상무대우 : Vice President Purser	없음
수석 사무장 CP	1급 : Chief Purser	없음
선임 사무장 SP	2급 : Senior Purser	4년
사무장 PS	3급 : Purser	4년
부사무장 AP	4급 : Assistant Purser	3년
스튜어드 SD	5급 : Steward	3년

다양한 직급을 알고 있다는 것은 그 항공사에 대한 관심과 열정을 보여주는 것이라 할 수 있다. 만약 K 항공사에서 면접 질문으로 "당신은 우리 회사에서 어떤 포지션까지 가고 싶은가요?"라는 기출문제를 받았다고 하자. 한 명은 "저는 사무장까지 되고 싶습니다."라고 대답하고, 또 다른 지원자는 "저는 상무대우 수석 사무장이 되겠습니다."라고 말한다면 면접관은 누구에게 관심을 보일까? 이처럼 사소한 준비에서 그 회사에 대한 관심도와 애정을 드러낼 수 있다.

⑥ 기업의 중장기 목표 및 발전 가능성과 현재 위치(현 산업군에서)

기업의 중장기 목표가 가장 잘 나타나 있는 부분이 "CEO 이야기"다. 여기에서 항공사의 지향점을 살펴볼 수 있다. 또는 각 언론 매체의 기사를 찾아보면 항상 마지막 부분엔 그 회사의 중장기 목표에 대해 언급하는 것을 볼 수 있다

⑦ 현재 취항 중인 노선(도시 및 국가) 그리고 최근 취항한 노선(최소 3개)

취항 노선은 반드시 알고 있어야 한다. 아래와 같이 기출문제로 자주 나오기 때문이다.

- 우리 회사의 취항 노선은?
- 우리 회사에 추천 하고 싶은 새로운 노선은?
- 가장 최근에 오픈한 신규 노선은?

위와 같은 기출문제는 면접에서 자주 나오는 질문이다. 그 회사에 대한 관심을 확인할 수 있는 가장 좋은 문제이기에 반드시 숙지하고 있어야 한다.

⑧ 현재 보유 중인 항공기 대수 및 추가로 들어올 항공기, 주력 항공기의 특징

여기서 꼭 명심해야 할 사실이 있다. 모든 정보는 근거가 명확해야 한다. 예를 들면, "우리 K 항공이 보유한 비행기는 몇 대인가?"라는 질문을 받는다면 많은 지망생들이 "K 항공의 비행기는 현재 160대입니다"라고 답변을 한다. 여기서 면접관이 다시 질문한다. "160대 라는 이야기는 어디서 들었죠?" 이 질문에 어떻게 대답하느냐에 따라

100점을 받을지, 50점을 받을지 결정된다. "N 사이트에서 봤는데요"는 50점짜리 대답이다. 또한 N 사의 블로그 같은 경우, 근거가 없거나 오래 되거나 잘못된 정보가 올라오는 경우가 많다는 것을 잊지 말자. 이런 질문에는 "2017년 지속 가능 경영보고서에 따르면 K 항공의 비행기는 현재 160대입니다." 또는 "K 항공의 홈페이지를 확인한 결과 2017년 10월 현재 160대의 비행기를 가지고 있습니다."라고 이야기하는 것이 좋다. 훨씬 더 명확한 근거이고, 항공사에 대한 관심도와 열정을 보여줄 수 있다. 또한, 주력 항공기라 함은 최근에 들어왔거나, 들어올 예정으로 그 회사에서 밀어주는 기종을 의미한다(회사 홈페이지 첫 화면에 등장하는 기종이 거의 주력 기종이라 보면 된다). 현재 대한항공의 주력 기종은 보잉787 드림라이너이며 아시아나항공의 주력 기종은 A350-900이다.

⑨ 수상 내역(올해만 최소 세 개 이상)

수상 내역은 최근에 있었던 수상부터 확인하고, 올해 있었던 수상 내역, 특히 가장 최근에 있었던 세 가지 정도는 암기하고 있어야 한다. 수상 내역을 이야기할 때에 신문기사를 인용한다면 언제 발표된 신문기사인지 말하는 것도 객관성 있는 자료를 보여준다는 측면에서 중요하다고 할 수 있다.

⑩ 기내 특화 서비스의 종류(기내식 및 특별한 도움이 필요한 승객)

각 항공사에서 대표적으로 제공하는 특화서비스가 있다. J 항공의 JJ 서비스, 또는 K 항공의 혼자 여행가는 어린이를 위한 UM 서비스가 특별한 서비스로 유명하다.

⑪ 기업의 홈페이지 컨셉 및 개선 방안

홈페이지의 컨셉과 개선방안에 대한 문제는 자주 출제되고 있다. 특히 '개선방안을 생각해 보았다'라는 것은 회사에 관심이 없다면 생각할 수 없는 답변이다. 그러니 반드시 준비를 해놓자. 실제로 홈페이지, 서비스 등에 관한 개선 사항은 그 회사에 재직 중인 승무원보다 취업을 희망하는 학생들의 아이디어가 더 참신하고, 좋은 경우가 있다는 것을 명심하자. 그리고 여기서 좋은 아이디어를 낸다는 것은 "회사에 관심이 많다."와 같은 의미가 될 수 있다.

또한, 실제로 많은 기업에서 지망생에게 "우리 회사의 개선점"에 대해 질문한다. 그렇게 나온 아이디어가 기업이 몇 천만 원을 주고 실시한 컨설팅에서 나온 결과보다 좋을 때도 있다.

⑫ 기업의 광고 컨셉 및 개선 방안, 그리고 추가하고 싶은 모델

각 항공사들의 광고에 대한 기본 방향을 알고, 자신의 회사에 어울리는 모델도 추천할 수 있어야 한다.

⑬ 이번 달 웹진 또는 기내 매거진의 주요 기사

웹진은 인터넷에서 PDF 파일로 쉽게 구할 수 있다. 웹진이나 기내 매거진 같은 경우는 보통 매달 업데이트되므로, 가장 최신 뉴스를 통해 회사가 중요하게 생각하는 것이 무엇인지 엿볼 수 있다.

⑭ 지속가능 경영 보고서

지속가능 경영 보고서는 K 항공 또는 A 항공과 같은 FSC 항공에서는 전부 가지고 있고, LCC 항공은 보통 모기업의 보고서에 한두 페이지로 준비되고 있다. 매년 발간되며, 그 회사의 최고 경영진이 결재한 모든 핵심 정보가 들어있다. 보통 100여 쪽 정도의 PDF 파일로 되어있는데, 앞서 밝혔던 기업과 관련된 정보들을 지속가능 경영 보고서에서 대부분 확인할 수 있다.

이처럼 회사와 관련된 정보가 항공사 면접에 자주 등장하는 이유는 회사를 향한 지원자의 열정과 관심도를 알아보기 위해서다. 요즘처럼 항공사의 채용이 많은 시기에 한 항공사만 지원하는 지망생은 없을 것이다. 면접관 역시 대부분의 지원자가 모든 항공사에 지원할 거라는 사실을 알고 있다. 하지만 면접장에서만큼은 '이 회사에만 지원한 사람'이 되어야 한다. 기업 관련 정보를 꼼꼼히 살펴보고 열정적인 사람처럼 보여야 한다.

자기소개서 작성

다음으로 자기소개서를 이야기해보자. 소제목은 면접관의 관심을 끌 수 있는 또 다른 기술이다. 자기소개서 작성 시 제목은 다음과 같아야 한다.

- 다른 사람의 관심과 흥미를 끌 수 있는 것
- 필수는 아니지만 있으면 훨씬 좋은 것
- 읽는 이의 관심을 못 끄는 제목은 없는 편이 더 낫다

- 제목을 봤다면, 안 읽고는 못 배길 만한 내용을 쓰자

여러분은 신문 기사를 볼 때 어떤 기사 위주로 보게 되는가? 다음의 두 가지 제목을 비교해보자.

"밤마다 책을 쓰는 스튜어드"
"밤마다 컴퓨터 앞에 앉는 스튜어드… 그의 충격적인 진실!"

이 두 가지 제목을 인터넷에서 봤다면 여러분은 어떤 제목을 클릭할 것인가? 당연히 두 번째 제목일 거라고 생각한다. 다만, 두 번째 예시는 독자들의 이해를 돕기 위해 좀 더 자극적으로 작성한 점을 참고하자. 또 다른 예시를 살펴보자. 미소 짓는 승무원 카페의 강의 후기 게시판에 올라온 내용이다.

예어서룰 자소서 첨삭 후기 [3]	2017.04.14.	78
예어서룰 지원동기 후기 ● [1]	2017.04.13.	76
예어서룰 지원동기 동영상 후기 ● [1]	2017.04.12.	57
대한항공필수정보분석 강의 후기! [1]	2017.04.12.	36
예어서룰 지원동기 동영상 후기^^ [1]	2017.04.11.	44
듣고만있어도 답이보인다 (싱가폴항공 기업분석및면접강의 , 대한항공 필 수정보분석 후기) ● [1]	2017.03.23.	115
영상강의 후기! [1]	2017.03.21.	27

제일 뒤에 있는 숫자가 클릭 수다. 대다수의 클릭 수가 20~70인 반면, 100을 넘긴 글

이 보인다. 다른 후기들과 차이는 단 하나, 바로 제목이다. 제목은 이처럼 큰 효과를 가져온다. 국내 항공사 채용 시 보통 1만여 명 정도가 지원을 한다. 그런데 제목이 하나같이 아래와 같다고 해보자.

- K 항공과 함께 날개를 펼치겠습니다!
- 봉사와 희생정신으로 준비된 K 항공의 인재
- 할 수 있습니다. 믿어 주십시오
- 하늘 위의 미소 짓는 외교관

이런 뻔한 제목에 관심을 보일 면접관은 없다. 자기소개서 제목은 확실히 끌릴만한 문장이어야 한다. 제목은 면접관의 관심을 끌 수 있거나, 그게 아니라면 아예 빼는 것이 적절하다. "최고의 서비스"보다는 "세 잔의 맥주를 얼음 잔에 서빙 했다."처럼 구체적으로, 그림 그리듯 설명하는 것이 면접관이 좋아하는 표현이다.

자기소개서나 면접 답변을 만들 때 주의해야 할 점은 추상적이 아니라 구체적으로 써야 한다는 점이다. 다음의 두 가지 예시를 비교해보자.

〈최고의 서비스 A〉
제가 생각하는 최고의 서비스는 바로 다른 사람의 마음을 읽는 서비스입니다. 이런 서비스

가 있어야 승객의 만족을 살 수 있다고 생각합니다. 저는 타인의 마음을 읽는 서비스를 제공하기 위해 모든 승객에게 최고의 서비스를 제공하였습니다. 항상 타인을 먼저 생각하고, 봉사하는 마음으로 제공하는 서비스, 바로 제가 생각하는 최고의 서비스입니다.

〈최고의 서비스 B〉

제가 생각하는 최고의 서비스는 타인의 마음을 읽는 서비스입니다. 기온이 35도까지 올라갔던 지난 7월, 저는 저희 매장에 방문한 3명의 손님에게 냉장고에서 막 꺼낸 차가운 얼음 잔에 맥주를 서비스한 적이 있습니다. 당시 손님은 "너무 더워서 맥주를 한잔 마시러 들어왔는데 얼음 잔 맥주는 처음 봤다."며 무척 고마워 하셨습니다. 이처럼 손님의 마음을 미리 읽는 서비스, 바로 제가 생각하는 최고의 서비스입니다.

위의 예시를 보면 어떤 생각이 떠오르는가? 당연히 B의 예시가 더욱 마음에 와 닿을 것이다. 면접 답변이나 자기소개서를 보면 너무나 많은 이야기를 전달하기 위해 추상적으로 답하는 경우가 많다. '최고의 서비스', '아름다운 마음', '긍정의 마인드' 등이 대표적이다. 면접관의 시선을 끌기 위해선 이렇게 추상적인 답변이 아닌 '얼음 잔에 얼린 맥주', '승객 만족 카드 100장을 받아 본', '이달의 우수사원 1회 수상'처럼 구체적인 사례를 제시하는 것이 좋다.

Q & A

특별한 경험이
꼭 있어야 하나요?

악어 이빨 닦기 아르바이트처럼 대단한 경험이 항공사 면접에 꼭 필요할까? 면접을 위한 답변을 만들 때 가장 좋은 방법은 다른 사람의 답변과 완전히 차별화하는 것이다. 대표적인 방법으로 다음의 두 가지가 있다.

   ① 남들이 사용하지 않는 자료로 답변 만들기
   ② 남들이 사용하는 답변에 자신만의 경험을 넣어 차별화 하기

여기서는 남들이 사용하지 않는 자료로 답변 만들기에 대해 이야기해 보자. 여러분은 자료가 필요할 때 어디를 이용하는가? 대부분은 N 포털사이트를 통해 자료를 찾을 것이다. 일부는 국토교통부의 자료를 참고한다거나, 다른 전문 잡지를 찾아보는 학생도 있을 것이다. N 검색을 통해서 자료를 찾을 때, 그 자료의 근거가 어디일지 생각해 본 적이 있는가? N사 블로그에 나오는 자료는 안타깝게도 대부분 근거를 찾을 수 없다. 항공사 취업 관련 블로그를 보다 보면 자신이 가져온 정보의 출처를 밝힌 블로그는 본 적이 없기 때문이다. 즉, 블로그에는 틀린 정보가 있어도 아무도 문제 제기할 수 없다는 것이다. 한번은 K 항공사 지망생과 모의면접을 진행하던 중, 이 학생이 몇십 년

전에 사라진 K 항공의 서비스에 대해 이야기하는 것을 보았다. 어디서 이런 이야기를 들었을까? 궁금한 나머지 출처를 물었더니 블로그에서 봤다는 대답을 했다. 이런 종류의 이야기는 생각보다 흔하다. 출처 없는 자료는 믿을 수도 없을뿐더러, 면접관의 눈에 성의 없는 사람으로 비칠 수 있다. 국토교통부나 공식 홈페이지에 게시된 자료가 아니라면 어떤 것도 믿지 말자.

또한, 답변을 만들 때 주의해야 할 것이 '중복'된 정보다. 예를 들어보자. "K 항공사의 에어버스 380에 대해 아는 대로 말하라"라는 질문을 받았을 때, 가장 먼저 떠오르는 것은 무엇인가? 바로 '하늘 위의 호텔', '세상에서 가장 큰 비행기'가 떠오를 것이다. 실제로 모의면접에서 학생들에게 이 질문을 하면 대다수가 "하늘 위의 호텔", "가장 큰 비행기"라고 대답한다. 바로 이것이 문제다. 대다수의 학생들은 정보를 있는 그대로 사용할 뿐, 자신만의 문장으로 바꾸려는 노력을 안 한다. 면접관 입장에는 천편일률적인 대답을 온종일 듣게 되는 것이다. '하늘 위의 호텔', '가장 큰 비행기'라고 대답할 것이 아니라, 여기에 자신만의 경험을 담는 사람이 주목받을 수 있다. 면접관은 그런 지망자에게 관심을 둘 수밖에 없다.

자기소개서를 작성하거나 답변을 만드는 학생들이 많이 하는 질문이 있다. "교수님, 제 답변이 임팩트가 없는 것 같아서 차별점이 없어 보여요. 외국이라도 다녀와야 할까요? 어학연수를 다녀오면 임팩트 있는 답변을 쓸 수 있을까요?" 이들이 생각하는 임팩트의 기준은 '다른 사람은 해보지 않은, 나만 해본 경험'이다. 하지만 면접관이 생각하는 임팩트의 기준은 다르다. 면접관은 어떤 지원자가 더 특별한 경험을 했는지 알고 싶은 게 아니라, 얼마나 솔직하게 자신을 표현했는지를 궁금해 한다. 자신의 이야기를 솔직하게 쓴 것을 '임팩트 있다'라고 말한다. 면접관들이 원하는 것은 "저는 호주에 있는 악어 농장에서 악어 이빨을 닦고 왔습니다."처럼 특이한 경험이 아니라 일상에서 벌어진 자신의 경험을 잘 드러내 구체적으로 답변하는 것이다. 다른 사람의 이야기가 아닌, 본인의 이야기면서 자신만의 창의적인 표현력이 담긴 것, 진정성이 느껴지는 답변이 면접관이 원하는 임팩트 있는 표현이다.

진정성과 관련된 한 예시를 살펴보자. 내가 가르쳤던 학생에게 일어났던 일이다(이 학생은 현재 A 항공에서 근무 중이다). 면접에서 계속 탈락하던 이 학생은 취미를 적는 칸에 한 번도 쳐본 적 없는 '골프'를 적었다. 그런데 하필이면 실무 면접장에서 골프를 좋아하는 면접관을 만났다. 면접관은 이 학생에게 "골프가 취미라고 했는데 몇 타나 치세요?"라는 질문을 했고, 골프를 한 번도 쳐본 적 없던 학생은 당연히 말문이 막혔다. 뭐라도 이야기해야 한다는 생각에 이 학생은 평상시 TV에서 듣던 대로 "60을 칩니다."라고 답했다. 골프 황제 타이거 우즈가 보통 68타를 치는데, 60타를 친다는 학생의 말에 면접관은 씁쓸한 표정을 지었고, 이 학생은 면접에서 탈락했다. 만약 그 학생이 자신의 취미를 거짓으로 적지 않았다면 합격했을지도 모를 일이다. 이처럼 자신이 했던 거짓말은 반드시 부메랑이 되어 돌아온다는 사실을 명심하자.

2017년 9월에 있었던 K 항공사의 채용에 약 1만 2천여 명이 지원했다. 일부 학생들의 증언(?)에 따르면 "지난번 자기소개서와 똑같은 것으로 지원했는데 지난번은 불합격, 이번엔 합격 소식을 들었다"며 "인사과에서 자기소개서를 안 보는 게 분명하다"고 강조했다. 나 역시 학생들의 자기소개서를 첨삭해주며 가끔 고민에 빠지곤 했다. 이렇게 많은 인원의 이력서를, 과연 인사과에서 전부 살펴볼까?

그러던 중, 궁금증을 해결할 수 있는 기회가 생겼다. 항공사 인사담당자와 인터뷰한 결과, "자기소개서와 이력서는 반드시 본다"는 답변을 들었다. 그것도 단순히 훑어보는 것이 아니라 몇몇 회사는 이 시기에 다른 부서의 인력까지 동원해 입사지원서를 살펴본다고 했다. 다만, 인간이 하는 일이므로 똑같은 기준으로 만 장의 입사지원서를 살펴보지는 못 할 것이다.

하루 수백~수천 장의 이력서와 자기소개서를 읽다 보면 "대한민국의 민간 외교관이

되어", "국토 대장정을 마친 끈기와 체력을 지닌", "어렸을 때 K 항공의 승무원을 보면서 꿈을 키운", "팀 프로젝트에서 리더를 맡아 다른 팀원들을 이끌었다", "비타민과 같은 에너지로…" 등과 같은 문장은 끊임없이 나온다고 한다. 아무리 봐도 앞사람과 비슷한 제목의 자소서와 경험내용은 '같은 학원을 다니며 준비를 했구나'라는 생각 밖에는 줄 수 없다. 대다수의 지망생들이 20대의 학생들 또는 이제 막 학교를 졸업한 사람들이기에 경험이 비슷한 것은 이해하지만, 다른 사람의 경험이나 자기소개서를 마치 자기 것인 양 사용하는 사람들은 문제가 될 수 있다.

특히, 항공과 학생들을 대상으로 강의를 하다 보면 어쩜 그리 똑같은 경험을 하고 비슷한 답변을 하는지, 전국의 학생들이 마치 한 권의 책으로 공부한 것처럼 느껴질 정도다. K 항공의 객실 승무원 지원 홈페이지를 보면 항상 뜨는 배너창이 있다. 배너 창엔 "인위적으로 습득한 면접 요령은 부자연스러운 모습을 연출하여 오히려 면접 시 불이익이 있을 수 있다. …(중략)… 자기소개서는 본인의 경험과 생각, 그리고 의견 등을 솔직하게 작성하는 것이 중요하다. 이력서 사진은 특정 색상의 배경, 복장, 헤어스타일 등 별도의 권장 형식은 없으며 면접 시 본인 확인 용도로만 사용된다."라고 밝힌다. 실제로 항공사 면접관들의 말에 따르면 똑같은 배경색, 헤어스타일, 복장을 갖춘 사진은 오히려 평가를 어렵게 만든다고 이야기한다.

이런 면접관의 의견에도, 지망생들은 계속해서 인터넷 사이트를 뒤지며 출처가 불분명한 모범 자기소개서와 모범 답변을 외우고 있는 상황이다. 안타까운 현실이다. 면접 지원서와 자기소개서에는 스스로가 어떻게 살아왔고, 대학 때 어떤 활동을 했으며, 본인의 생각과 가치관이 명확히 드러나야 한다. 세상에 나와 똑같은 사람은 존재하지 않는다는 것을 명심해야 한다.

그럼 어떻게 써야 할까? 자신만의 답변을 만드는 방법은 필자가 운영 중인 유튜브나 미소 짓는 승무원 카페에서 무료로 알려주고 있다.

누구나 고민하는 그것,
영어!

대한민국 사람이라면 한 번쯤은 영어 때문에 고민했던 적이 있을 것이다. 요즘 대다수의 학생들은 해외 경험을 가지고 있다. 어릴 적부터 외국으로 나가는 학생도 있고, 대학 때 많은 학생들이 해외 어학연수를 떠난다. 그럼 외항사에서 사무장으로 근무했던 나는 어떨까? 외항사에서 근무를 했고, 면접도 자주 영어로 봤기 때문에 많은 사람들은 내가 해외에서 공부했을 거라고 생각한다. 그리고 실제로 카타르에서 근무 할 때에도 동료들로부터 "외국에서 공부했냐"는 질문을 많이 받았다. 하지만 나는 단 한 번도 외국에서 영어 공부를 해 본 적 없는 국내 토종이다. 게다가 내가 카타르항공을 지원하던 당시는 갓 제대 후 사회에 적응하던 시기였다. 한마디로 영어 실력이 좋지 않은 상태에서 영어를 공부하며 외항사에 입사하게 된 것이다.

대학에서 학생들을 가르치다 보면 '어떻게 하면 영어 실력이 좋아질지'고민하는 모습을 자주 본다. 영어는 방법이 없다. 반복해라. 똑같은 문장을 계속 반복해서 사용하면 실력이 늘 수밖에 없다. 연습만이 살길이다. Practice makes perfect!

카타르항공에서의 신입 교육은 "열심히"라는 의미가 무엇인지 가르쳐주었던 좋은 시기였다. 당시 내 동기 중 한국인이라고는 나 포함 두 명이 전부였고, 나머지는 모두 외국인이었다.

아침 8시에 시작돼 오후 3시에 끝나는 교육은 온통 영어였다. 한국어로 들어도 이해하기 어려운 항공 용어나 서비스 용어, 응급처치까지 전부 영어로 읽고, 듣고, 말하고, 이해해야 했다. 시험 또한 모든 것을 통째로 외워 감독관 앞에서 줄줄이 읊어야 했다.

수업이 끝나면 대다수의 외국인 친구들은 클럽에 가거나 함께 영화를 보며 쉬는 시간을 가졌지만, 나는 수업 내용을 녹음한 MP3 파일을 들으며 그날 있었던 모든 일과를 반복했다. 그런 식으로 영어 공부를 했다.

카타르항공은 승진을 위해 모든 과정에서 시험을 봐야 한다. 내 동기 중에는 영어 실력 부족으로(심지어 이 친구는 외국인이다) 관리자 승진을 못한 경우도 있다. 하지만 나는 모든 과정을 통과해 승진할 수 있었다. 끈기와 노력, 반복 학습의 중요성을 깨달았던 순간이었다.

Q & A

영어 점수는
어느 정도로 준비해야 하나요?

승무원이 되는 데 가장 걸림돌이 되는 것은 단연 '영어'일 것이다. 승무원 지망생들과 컨설팅을 진행하다 보면 연령대별로 무엇을 고민하는지 알 수 있다. 보통의 고등학생 (대입을 준비하는)들은 항공과를 가느냐, 일반과를 가느냐에 대해 고민한다. 그리고 취업을 준비하는 학생들의 가장 큰 고민은 첫 번째가 영어, 두 번째는 영어, 세 번째도 영어다.

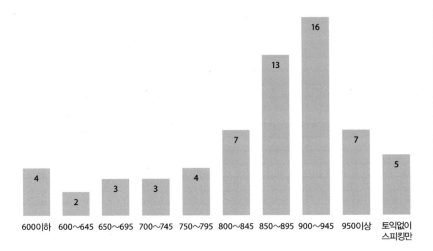

K항공 서류 합격자 토익 점수

목표한 회사가 국내 항공사인지, 외항사인지에 따라 준비해야 하는 영어가 달라진다. 국내 항공사의 경우, 실제 말하기 실력보다는 토익 점수가 중요하지만, 외항사의 경우 엔 토익 점수는 별 의미가 없다. 외항사는 실제 면접을 통해 면접자의 말하기, 듣기 실력을 우선으로 보기 때문이다. 또한, 외항사는 보통 자유 형식의 CV(영문 이력서)를 사용하므로 자신의 토익 점수를 넣을 수도, 또는 넣지 않을 수도 있다.

나는 2017년 이후 국내에서 열렸던 모든 항공사의 서류통과자에 대한 자료를 수집했다. 위의 그림은 2017년 9월에 있었던 대한항공 채용에서 서류 심사를 통과한 남학생들의 표본 60명을 뽑아 정리한 영어 점수다. 전체 샘플이 60명이기에 어느 정도 추측만 할 수 있다. '이 정도 점수가 평균'임을 참고만 하자.

그림에서 보는 바와 같이 600~950점 이상까지 다양한 점수가 있지만, 대다수의 서류 통과자들이 750~945점 사이에 몰려 있다. 이는 대한항공 스튜어디스의 영어 점수보다 약 100~150점 높은 점수대다. 또한, 스피킹 만으로 서류를 통과한 경우도 8%나 된다. 현재 지원 가능한 대한항공의 토익 최저 점수는 550점이다. 하지만 800점대가 현실적인 합격 점수라고 생각하면 된다. 그 이유는 다음과 같다. 만약 어떤 지망생이 560점으로 합격했다고 하자. 그 지망생은 2년 뒤 토익 점수가 만료되었을 때 다시 토익 점수를 제출해야 하는데, 입사 후에도 토익 공부를 꾸준히 할 것이라고 흔히들 생각하지 않는다. 그러면 2년 뒤에 이 승무원은 기본 자격인 550점보다 낮은 토익 점수를 만들 수밖에 없을 것이다. 따라서 실제 면접에선 최저 점수보다 150~200점 정도 높은(800점 이상) 지원자를 선호한다.

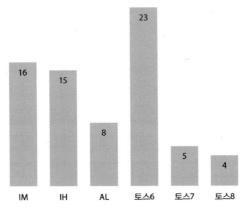

K항공 서류 합격자 영어 스피킹 점수

또한, 서류 통과를 위한 자격시험으로 토익 스피킹이나 오픽 등도 있다. 위의 그림처럼 토익 점수 없이 토익 스피킹만으로 서류를 통과한 지망생도 있다. 20%의 지원자가 토익 스피킹 레벨 6을 보유하고 있으며, 스피킹 없이 토익 점수만 가진 학생도 전체 인원의 42%나 된다.

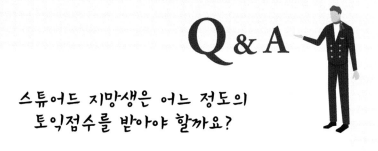

Q&A

스튜어드 지망생은 어느 정도의
토익점수를 받아야 할까요?

승무원 준비와 영어 공부는 동시에 시작해야 한다. 영어를 먼저 시작하면, 나중에 영어 점수는 되는데 면접 답변이 부족하고, 답변을 먼저 시작하면 영어 점수가 부족해 면접 기회조차 못 잡는 상황이 발생한다.

국내 항공사 영어준비는 생각보다 간단하다. 토익 또는 토스 점수만 있으면 된다. 국내 항공사 취업이 목표라면 우선 집 근처의 토익 학원에 등록하자. 아무 학원이나 괜찮다. 단기 집중반에 들어가 850점을 목표로 공부하는 게 가장 좋다. 대한항공의 경우 800점대로도 합격하는 학생이 있지만(스튜어드 기준), 아시아나항공은 대부분 900점 이상이다(아시아나항공의 스튜어드는 '신의 아들'이라 불린다. 전체 승무원 100명 중 1~2명만 스튜어드로 채용되기 때문이다). 따라서 최소한 800~850점 정도는 받아야 한다. 미소 짓는 승무원 카페에서 실시했던 설문에 따르면, 2017년 한 해 동안 최종 합격한 스튜어드 지망생 중 토익 점수가 750점 미만인 사람은 내 주변엔 단 한 명도 없었다.

대한항공 이차면접에선 영어 면접이 진행된다. 내가 참여했었던 대한항공 이차 영어 면접의 경험을 되살리자면, 영어의 수준은 절대 높지 않다. 실제로 토익 점수 750점대의 남학생들의 모의 영어 면접을 하루 봐주고 최종 면접까지 보낸 적도 있다. 어렵지는 않지만 자기소개와 지원동기 및 포부 등은 영어로 꼭 준비해서 면접에 참여하자.

토익을 먼저 할지, 토익 스피킹을 먼저 할지 고민이 되는가? 토익은 한 달에 한 번 시험이 있고, 결과가 나오는 데도 시간이 오래 걸린다. 만약 여러분이 항공사 취업을 위해 처음 영어 공부를 시작한다면 토익보다 스피킹 시험을 우선 추천한다. 결과가 나오는 데 걸리는 시간이 짧고, 실제로 항공사에서 필요로 하는 영어를 공부할 수 있기 때문이다. 단, 스피킹 시험의 단점이 있는데, 항공사 중 스피킹 점수를 인정하지 않는 곳이 있다. 예를 들어, 동방항공이나 아시아나항공은 토익 점수만 인정한다. 이럴 경우 스피킹 점수가 아무리 훌륭해도 써먹을 수가 없다. 따라서 지원하려는 회사의 자격요건을 자세히 알아보고 영어 준비를 시작해야 한다. 스피킹 점수가 갖춰졌다면 그다음으로 토익 점수를 관리하자. 특히 대학생들은 졸업 전에 토익 점수를 만들어 놓는 게 좋다. 나중에 취업 준비와 병행하려면 생각보다 힘들 수도 있다.

이처럼 국내 항공사는 토익이나 토스 점수가 꼭 필요하다. 하지만 외항사는 대부분 영어 점수를 보지 않는다. 대신 면접을 영어로 보며 지원자의 말하기 듣기 능력을 평가한다. 최종 면접은 약 1시간 동안 일대일로 진행되므로 자신이 생각하는 것은 전부 영어로 말할 수 있어야 한다. 그렇다고 원어민 수준의 발음이나 표현력이 요구되는 것은 아니다. 국내에서 꾸준히 영어 공부를 한다면 충분히 가능하다(심지어 나는 제대 후부터 영어 공부를 시작했다).

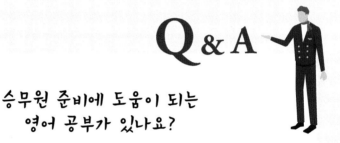

Q & A

승무원 준비에 도움이 되는
영어 공부가 있나요?

"영어 공부를 하고 싶은데 워킹홀리데이를 갈까요? 어학연수를 갈까요? 아니면 한국에서 공부할까요?" 미소 짓는 승무원 카페의 고민 게시판에 많이 올라오는 질문이다. 이 질문에 나는 이렇게 대답하고 싶다. 해외 문화를 경험하면서 시야를 넓히고 싶다면 워킹홀리데이를 가라고. 단, 가기 전에 영어 공부를 많이 해서 현지에서 영어를 쓰며 일을 하라고. 보통 워킹홀리데이까지 가서 언어 문제 때문에 영어가 필요 없는 직업만 전전하는 경우가 있다. 반면 영어를 할 수 있다면 사람들과 꾸준히 소통할 수 있는 업무를 맡는다. 여기서 영어의 부익부 빈익빈이 시작된다. 영어를 잘 하던 사람은 더 잘 하게 되고, 못하는 사람은 더 못 하게 된다.

어학연수도 마찬가지다. 아무런 준비 없이 간다면 한국인들 사이에서 수업을 듣게 될 것이다. 이럴 바에야 한국에서 일대일 원어민 수업을 받는 게 낫다. 물론, 어학연수를 가면 다양한 발음과 상황을 접할 수 있고, 외국인 앞에서 괜히 주눅 드는 마음은 경험을 통해 그 빈도를 낮출 수 있다. 하지만 최대 효과를 얻고 싶다면, 한국에서 자신의 영어 실력을 충분히 끌어올린 후에 가는 것을 추천한다.

여러분이 현재 나이가 많은데 영어 때문에 고민이라면 무작정 외국으로 나가기보단 한국에서 영어 공부를 하는 것은 어떨까? 이미 대학교를 졸업했는데 승무원을 꿈꾼다면 한국에서 영어 면접 공부, 토익 시험을 준비하는 게 효과적이다. 또한 실제 영어 면접은 정해진 문제에 정해진 답을 하는 패턴이므로 외국 생활을 하지 않아도 쉽게 공부할 수 있다.

또한, 앞으로의 면접은 전화 인터뷰, 화상 인터뷰로 넓어질 것이다. 위에서 영어 실력을 늘리기 위한 여러 방법을 설명했지만 가장 가성비 좋은 방법은 원어민과 하는 전화 영어라고 생각한다. 원어민과의 대화를 통해 영어 실력도 늘릴 수 있고 가격도 저렴한 편이다. 내가 항공사 면접을 준비하던 당시 사용한 방법이기도 하다. 자칫 구닥다리처럼 느껴질 수 있지만 화상영어는 요즘 들어 다시 주목받고 있다. 2016년부터 항공업계에 온라인 면접이 등장했기 때문이다. 회사는 비용을, 지원자는 시간을 절약할 수 있는 온라인 면접은 현재 유나이티드항공, 싱가폴항공, 플라이두바이, 에미레이트항공(에미레이트 항공은 현재 잠시 보류한 상태. 하지만 비디오 면접은 미래 기업의 필수이기에 다시 시작할 것이다)과 같은 메이저 항공사에서 실시하고 있다.

얼마 전, 내가 지도하던 학생이 유나이티드항공 스튜어디스 면접을 봤다. 서류 통과 후 일차로 진행된 면접이 전화 영어 인터뷰였다. 그 학생의 말을 빌리자면 "교수님, 역시 전화 인터뷰는 상대방 표정을 읽을 수 없어서 힘들어요. 하지만 평상시에 화상 전화로 많이 연습해 놔서 잘 본 것 같아요"였다. 그 학생은 현재 유나이티드항공 스튜어디스가 되어 비행을 하고 있다. 이처럼 화상 영어는 전화 인터뷰를 준비하는 사람에게도 큰 도움이 된다. 또한 화상 영어 수업을 할 때에는 아시아인 강사보다는 유럽이나 미국인 강사와 연습을 하는 것이 긴장감을 극대화 시킬 수 있기에, 이왕이면 외국인 강사와의 화상 영어를 추천한다.

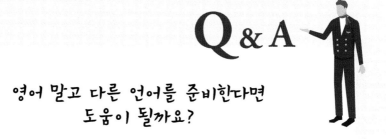

Q & A

영어 말고 다른 언어를 준비한다면
도움이 될까요?

항공사 취업에 가장 도움이 되는 언어를 하나만 꼽으라면 역시 영어다. 중국 시장이 날로 커지고, 중국어의 필요성도 강조되지만 아직 까지는 영어가 중요시되고 있다.

갓 대학에 입학한 남학생의 컨설팅을 했던 적이 있다. 이 학생은 중국에서 공부한 경험을 살려 중국어를 특기로 항공사에 들어가고 싶어 했다. 따라서 학기 중 대부분의 시간을 중국어 학습에 투자하고 남는 시간에 영어 공부를 한다고 말했다. 나는 이 학생의 말에 이렇게 대답했다. "중국어 공부? 좋아. 요즘 가장 뜨는 언어기도 해. 그런데 중요한 건 항공사에 취업할 거라면 영어가 먼저야."

중국어와 영어의 활용도에 대해 간단한 예를 들어보자. 다음 중 외항사에서 중국어를 할 수 있는 승무원이 필요하다. 여러분이 이 항공사의 사장이라면 누구를 뽑을 것인가?

① 영어와 중국어를 하는 한국인
② 중국인

답은 2번이다. 예를 들어 도하―광저우를 비행하는데 중국인 승객이 기내가 춥다고 불평한다. 이때 중국인 승무원이 일을 잘 처리할까? 중국말을 잘하는 한국인 승무원이 일을 잘 처리할까? 당연히 중국인 승무원일 것이다. 그 승무원은 중국의 언어뿐 아니라 중국인의 특성, 성향, 식습관, 문화와 역사 트렌드까지 꿰뚫고 있기 때문이다.

Q & A

현직 승무원들도
영어 공부를 하나요?

얼마 전 외국의 저비용항공사에서 채용공고가 났다. 나는 그 당시 국내의 메이저 항
공사에서 승무원으로 근무 중인 사람으로부터 한 통의 메일을 받았다. "현재 국내 메
이저 항공사에 근무 중인데, 외국계 저비용 항공사로 옮기고 싶다."는 내용이었다. 메
이저 항공사에서 저비용 외항사로 옮기고 싶다는 말이 이해되지 않았다. 이유를 물었
더니 "현재 인턴으로 근무 중인데 토익 점수가 없으면 정직원으로 전환되지 않아 영
어 점수가 필요없는 외항사로 이직을 고민 중"이라는 것이었다. 이처럼 승무원이 된 후
에도 국내 항공사에 근무한다면 토익 점수를 꾸준히 유지해야 한다. 실제로 나는 비
행을 하면서 토익 학원을 다니는 국내 항공사 사무장을 만난 적도 있다(외항사는 일
상이 영어이므로 토익 점수가 필요 없다). 승무원만 되면 더는 영어 공부를 안 해도
될 것으로 생각하는데 현실은 그렇지 않다. 승무원은 꾸준히 공부해야 하는 직업이
다. 또한 계속 공부하는 사람만이 더 나은 삶을 살 수 있다.

중국에서 중고등학교를 졸업하고 대학에 다니는 학생을 컨설팅한 적이 있다. HSK 6급이 있고 중국어를 잘했다. 하지만 항공사 취업 조건 미달이었다. 영어 점수가 없었기 때문이다.

실제로 중국에서 유학 중인 많은 학생들의 고민이 "중국어는 잘하지만 영어를 못하기 때문에, 중국 내 기업에 취업할 수 있지만, 흔히 말하는 유명한 기업의 취업은 힘들다는 것"이다. 심지어 중국항공사인 동방항공의 채용조건도 "중국어만 할 수 있는 자"가 아니라 "토익점수 550점"이라는 영어 점수가 서류통과의 조건이다. 따라서 중국어만 잘해서는 중국항공사인 동방항공조차 들어갈 수 없다.

현 상황에서 중국어를 잘하는 한국인 남자가 지원할 수 있는 항공사는 동방항공과 LCC의 특기자 채용이 전부다. 그러나 동방항공은 1년에 한 번(2017년 기준) 밖에 채용이 없고, 제주항공에서 채용 중인 중국어 특기자의 경우 스튜어드 채용 인원이 두세 명에 불과한 것으로 알려져 있다(물론 채용 시기마다 다르다). 따라서 이 책을 읽고 있는 스튜어드 준비생들은 영어를 필수로 공부해야 한다.

단, 내가 영어 점수를 어느 정도 가지고 있다면(스튜어드 지망생이라면 토익 850점 이상은 되어야 한다고 생각함) 중국어나 일본어 점수를 갖추는 것도 좋은 방법이다.

Q&A

승무원 영어 공부의
팁이 있나요?

효과적인 영어 공부 방법을 중고등학생~대학 1학년과 취업준비생으로 구분해 설명하겠다.

중 고등학생, 대학교 1학년의 영어 공부 방법

실전 영어 실력을 늘리는 데에 집중하자. 여기서 말하는 실전 영어란 토익 등의 테스트를 말하는 것이 아니다. 집에 중고등학교 교과서가 있다면 적극 활용하자. 하루에 한쪽씩 내용을 외워보자. 오늘은 1쪽, 내일은 1~2쪽, 모레는 1~3쪽 식으로 문장을 통째 암기하다 보면 실제 의사소통이 가능할 정도로 영어 실력을 키울 수 있다. 미소 짓는 승무원 카페에서도 이 방법을 이용해 영어 공부를 하고 있다. 고등학교 1~2학년 교과서만 통째로 외워도 기본 영어 실력을 키우는 데 큰 도움이 된다. 이렇게 영어 실력을 쌓으면서 공인 점수(토익, 토스, 오픽)를 만들어야 한다. 항공사 또는 항공서비스학과에서는 "저는 영어를 잘합니다"라는 말보다 눈으로 확인할 수 있는 점수를 믿기 때문이다. 점수를 올리기 위해 학원 또는 인터넷 강의를 충분히 활용하자. 우리나라 학원만큼 영어 성적을 잘 올려주는 곳도 없다.

취업 준비생

실제 면접에 사용할 수 있는 영어 점수를 획득하고, 면접용 영어를 준비하자. 토스, 토익 순으로 준비하는 것이 좋다. 이유는 준비 시간의 차이 때문이다. 토익은 보통 학원에서 3개월 과정으로, 토익 스피킹은 2~3주 과정으로 수업이 진행된다. 토익 스피킹의 점수를 올리는 게 토익 점수를 올리는 것보다 상대적으로 쉽다는 의미다. 또한 실제로 주변 학생들의 이야기를 듣거나 나의 학생시절 경험을 떠올려봐도 토익은 공부하다가 중간에 포기하는 경우가 종종 생긴다. 이럴 때 스피킹처럼 단시간에 점수를 올릴 수 있는 시험에 도전해서 점수를 쌓고, 그 자신감을 토대로 토익에 도전하는 것도 좋다. 대한항공의 이차면접에는 영어 말하기 평가가 있다. 토익 점수는 높은데 말은 못하는 사람을 판별하기 위해서다. 이차 영어 면접 테스트를 위해선 시중에 나와 있는 영어 기출 문제를 살펴보면 된다. 항공사에서 요구하는 영어 수준이 절대 높지 않기 때문에 걱정하지 않아도 된다. '영어로 의사소통이 가능한지' 정도만 확인한다. 또한 아시아나항공은 토익 스피킹 점수가 있으면 면접장에서 영어 구술 면접을 진행하지 않는다.

미소 짓는 승무원 카페에서는 카페 회원들을 대상으로 "BBC 영어 공부합시다."라는 프로젝트를 시작했다. 하루에 한 번 BBC 영어 공부 프로그램의 일정 부분을 읽고, 그것을 MP3 파일로 녹음해 카페에 올리는 것이다. 억지로라도 영어 공부를 해보자는 의미로 시작된 프로젝트였다. 처음 1~2일은 15명의 회원이 참석했다. 그러나 날이 갈수록 참여 인원이 줄었고, 마지막엔 서너 명의 회원밖에 남지 않았다. 이런 상황을 극복하기 위해 만든 프로젝트가 '66일 영어습관 만들기'다. 현재까지 약 400여 명의 학생이 참여했고 성공률이 99% 이상이었다. 영어 공부 습관 만들기에 큰 도움을 줬던 이 프로그램을 설명하겠다.

아래 그림은 최초에 자율적으로 시작했던 "BBC 영어 공부합시다" 프로젝트의 출석률이다. 9월 12일에 15명이 시작했지만(분홍색=참석) 날이 갈수록 하얀색이 많아지고 있다(불참). 10월에 들어서자 참석 인원이 현저히 줄다가, 급기야 10월 6일엔 1/3만 프로젝트에 참여했다.

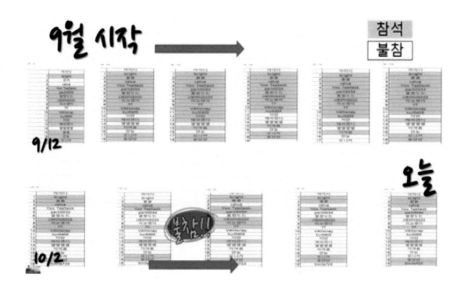

자율적으로 공부하다 보니 결석률이 높아져 좀 더 강압적인 방법을 쓰기로 했다. 기간은 66일(인간의 습관을 만드는 데 걸리는 최소한의 시간)로 하고, 66일 동안 하루 세 번씩 본인의 목소리를 MP3에 녹음해 정해진 시간에 게시판에 업로드해야 미션 성공. 약 두 달간 총 198번을 업로드해야 하는 다소 번거로운 일이었다. 또한 이 미션은 무료가 아닌 66,000원을 내고 시작하게 했다.

그런데 놀랄 만한 일이 일어났다. 처음에 시작했던 자유로운 방식의 BBC 영어는 하루에 한 번 녹음을 하더라도 며칠이 지나자 흐지부지되었는데, 66,000원을 내고 시작한

강제적인 "66일 영어습관 만들기"는 하루에 세 번, 월요일부터 일요일까지 쉬지 않고 녹음해야 했음에도 성공률이 99% 이상이었다. 나는 66일 영어습관 만들기를 성공적으로 끝낸 학생들과 이야기를 해 보았다. 과연 이 프로젝트를 통해 이 학생들은 무엇을 얻었을까?

스튜어드 지망생 P_ "66일 동안 영어 실력이 엄청 늘었다고는 생각하지 않습니다. 하지만 저는 66일 동안 하루 세 번씩 영어 공부를 하면서 매일매일 영어 공부하는 습관을 갖게 됐습니다. 어떤 날은 회식을 하고 술에 취한 상태로 영어 녹음을 하는 제 모습을 발견하기도 했습니다."

스튜어디스 지망생 B_ "66일 영어습관 만들기 프로젝트를 하며 가장 달라진 점은 바로 습관의 중요성을 알게 되었다는 것입니다. 현재는 영어뿐만 아니라 운동도 66일에 맞춰서 진행하고 있습니다. 역시 습관이 가장 중요한 것 같습니다."

바로 이것이 미소 짓는 승무원 카페 회원에게 듣고 싶었던 피드백이다. 카페를 통해 스스로 꾸준히 발전하고, 결국 승무원이라는 꿈을 이루는 것 말이다. 66일 영어습관 만들기는 계속 이어지고 있다. 자신의 영어습관을 갖고 싶은 학생은 미소 짓는 승무원 카페의 게시판을 참고하기 바란다.

TIP
면접
스터디 준비

면접 합격을 위해서 스터디는 필수다. 앞서 스터디에 대한 이야기를 잠깐 했지만 여기에서 조금 더 자세히 살펴보자.

외국에도 승무원 지망생이 많다. 현재 호주, 캐나다, 일본, 영국, 필리핀에 거주하며 나와 함께 승무원 준비를 하는 학생들도 있다. 내가 이들에게 계속 강조하는 말이 있는데, "현지에서도 스터디를 찾으라"는 것이다. 전 세계 거의 모든 나라에 한국인 유학생이 있다고 해도 과언이 아니다. 특히 영어권 국가라면 한국인 유학생을 찾는 것은 어렵지 않다. 유학생 모임을 적극 활용하자. 그중에 승무원 지망생이 한 명은 있을 것이다. 이렇게라도 찾아다니며 스터디를 해야 한다. 간혹 외항사 취업을 위한 영어 공부를 하려고 외국으로 나가려는 학생들이 있는데, 유학보다 국내에서 준비하는 것을 추천한다. 그렇다고 이 말을 오해해선 안 된다. 나는 경험을 쌓으러 외국으로 가는 것은 절대적으로 추천하지만, 단순히 영어 공부를 목적으로 외국에 나가는 것은 바람직하지 않다는 의미다. 외국에선 스터디를 구하기가 어렵기 때문이다.

그렇다면 한국에서는 어떤 방법으로 스터디를 구해야 할까? 가장 좋은 방법은 앞서 이야기했던 승무원 관련 카페를 이용하는 것이다. 미소 짓는 승무원 카페의 경우, 각 지역 학생들끼리 자발적으로 스터디를 만들어 운영하고 있으니 관심 있다면 참여할 것을 권한다. 간혹 지방에 사는 학생들이 스터디를 구할 수 없다고 불평하는데, 그건 잘 찾아보지 않아서다. 외국에서도 스터디를 찾을 수 있는데 지방은 훨씬 수월하지 않을까?

스터디의 목적은 '모르는 사람 앞에서 떨지 않기' 위함이다

많은 학생들이 스터디의 목적을 '면접 답변을 고치기 위함'으로 생각하는데, 이는 스터디의 진짜 의미를 파악하지 못한 것이다. 물론 면접 답변을 전혀 준비하지 못했다면 스터디에 참여해 어느 정도의 답변을 만들 수도 있다. 하지만 그 답변은 다른 사람의 것을 베낀 것이므로 실제 면접에서 사용하기에는 부적합하다. 이럴 경우 면접관이 조금 까다로운 꼬리질문을 하게 되면 남의 답변을 베낀 것이 들통나기 십상이다.

스터디 모임은 다른 사람 앞에서 '떨지 않고 말하기'를 연습하는 곳이다. 모르는 사람 앞에서 떨지 않고 말할 수 있을 때까지 스터디를 계속해야 한다. 만약 여러분이 승무원이 되어 승객과 이야기를 나누는데, 승객이 어색해하거나 거북함을 느낀다면 좋은 승무원이라 할 수 있을까? 생전 처음 보는 사람과도 친근감 있게 대화하며 자연스럽게 분위기를 이끄는 것. 이것을 연습하는 곳이 스터디 모임이다.

스터디를 할 때는 삼각대와 스마트폰을 꼭 준비하자. 본인 모습을 촬영해 표정과 몸짓, 말투, 발성 등에서 나타나는 단점을 고쳐야 한다. 다시 한번 말하지만 여러분은 답변의 내용이 아니라 외형적인 이미지를 체크 해야 한다(앞에서 설명한 메라비언의 법칙 참고). 먼저 실제 면접처럼 정장을 입고, 면접 인원은 5~6명 정도로 한다. 스터디 인원 중 한 명이 면접관 역할을 하자. 이때 각자의 스마트폰으로 자신의 모습을 촬영한다. 촬영된 영상을 확인할 땐 소리를 끄고 표정만 확인해보자. 웃고 있는지, 찡그린 얼굴은 아닌지, 습관적으로 입술을 핥거나 눈동자를 굴리진 않는지 등, 눈으로 보이는 모습을 모두 체크 한다. 또한 스터디 모임에 가서 면접 연습은 하지 않고 고민상담만 하는 친구들이 있는데, 여러분이 스터디를 하는 목적은 고민상담이 아니라 면접 준비임을 확실히 해야 한다.

이미지 체크를 강조하는 이유는, 모든 항공사에서 일차면접 시 지원자의 이미지가 합격/불합격을 가장 크게 결정하기 때문이다. 실례로, 전 세계에서 가장 유명한 항공사 및 기업들의 온라인 면접을 대행해 주는 회사가 있다. 자사에서 개발한 화상 면접 프로그램을 사용하는데 이 회사의 일차면접 방식이 독특하다. 지원자 전원에게 똑같은 질문을 하는 것이다. 예를 들어, 보통 메이저 외항사의 채용이 나면

3천여 명 정도의 지망생들이 지원하는데, 이때 이 온라인 면접 회사에서 3천여 명에게 똑같은 질문을 하고 동영상을 촬영하게 한다. 이렇게 되면 면접을 늦게 보는 사람은 주위의 정보를 통해 문제를 알아낼 수 있고, 면접 준비를 더 철저히 할 수 있다. 반면 초반에 면접을 봐야 하는 지원자들은 준비할 시간이 부족해 상대적으로 불리하다. 그런데도 이 기업은 왜 이런 방법을 사용하는 걸까?

이 회사의 목적은 지원자의 "답변을 듣는 것"이 아닌 "이미지 체크"에 있기 때문이다. 관계자의 말에 따르면 실제로 이 기업에서 일차합격자를 고를 때 수십여 개의 화면에 지원자가 답변하는 영상을 켜놓고, 볼륨은 제거한다. 면접관들에겐 답변의 내용은 들리지 않고 지원자의 모습만 화면에 보이게 된다. 이런 방식을 통해 이 기업에선 지원자의 이미지를 체크 한다. 모든 항공사의 일차면접이 이미지 체크라는 것을 알고 있다면 이 회사의 면접 시스템이 얼마나 일리 있는지 이해될 것이다.

그렇다면 앞에서 계속 강조했던 '남들과 차별화된 답변'은 언제 사용할 수 있을까? 바로 이차면접부터다. 여러분의 역량을 평가하는 이차면접부터 여러분이 만든 차별화된 답변이 힘을 발휘한다. 하지만 일차면접은 무조건 이미지라는 것을 명심하자.

외항사가 목표라면 스터디부터 영어로 준비해야 한다

보통 한국인들은 한국인끼리 영어로 대화하는 것을 부끄러워한다. 하지만 외항사 취업이 목표라면 이런 것을 부끄러워하지 말아야 한다. 실제로 카타르항공에선 비행 중에는 한국인 승무원끼리도 영어로 말할 것을 회사의 규칙으로 만들어 놨다. 이는 카타르항공뿐만 아니라 전 세계인이 모여 일하는 구조의 회사라면 당연히 지켜야 할 매너이기도 하다. 가끔 한국행 비행을 하다 보면 14명의 승무원 중 13명이 한국인이고, 한 명만 외국인 승무원일 때가 있다. 이럴 때도 외국인 승무원을 존중하는 의미로 모든 승무원은 영어를 사용한다(물론 한국인 승객을 대할 때는 한국어를 쓴다).

따라서 외항사나 외국기업 취업이 목표라면 스터디부터 영어로 준비해야 한다. 내가 영어 스터디를 할 적에는 스터디 중 한국말을 세 번 이상 사용하면 1,000원씩 벌금을 내는 방법을 사용했다. 우리에게 영어는 외국어다. 따라서 원어민처럼 잘해야 할 필요는 없다. 말의 의미만 전달되면 된다. 영어가 서툴러서 부끄러워 할 필요도 없다. 하지만 영어를 잘하면 잘할수록 외국에서 생활하거나 근무할 때 큰 도움이 되고, 이는 자신감 있는 삶으로 이어질 것이다.

두 달 이상 같은 멤버와 스터디를 하면 효과가 떨어진다

스터디에서 가장 피해야 할 것은 스터디 구성원과 친해지는 것이다. 물론 사교성은 승무원이 갖춰야 할 기본 자질이지만, 꼭꼭 아껴두었다가 나중에 항공사에 들어가서 쓰자. 스터디를 시작한 지 서너 번 만에 친해졌다면 다른 스터디를 알아보는 것이 좋다. 스터디를 옮기는 게 이기적으로 보일까 봐 걱정하거나, 친해진 사람들과 헤어지기 싫어 이도 저도 못하는 사람들이 간혹 있다. 분명한 점은 이렇게 허비한 시간만큼 취업은 늦어진다는 것이다. 되도록 3~4주에 한번 스터디를 옮기고, 두 달 이상 같은 친구들과 모이는 것은 자제하자(효과가 없으므로). 또한, 스튜어디스 지망생과 함께 스터디하는 것이 좋다. 외항사는 남녀가 동시에 면접에 참여하고, 그중 뛰어난 사람이 선발되므로 스튜어디스 지망생은 선의의 라이벌이 될 수 있다.

스터디에서 '나만의 차별화된 답변'을 공개하자

"나만의 답변을 함께 스터디하는 친구들에게 말해도 될까요?" 스터디를 하는 학생들이 가장 많이 하는 질문이다. 결론부터 말하자면, 공개해도 된다. 본인이 만든 차별화된 답변은 본인만 사용할 수 있다. 경험 없이는 차별화된 답변을 만들 수 없기 때문이다. 설령 누군가 그 답을 베껴 최종 면접까지 간다 하더라도 꼬리를 무는 질문에 정확한 답변을 하기 힘들 것이다. 따라서 나만의 답변은 마음껏 공개해도 된다.

또한 스터디를 하는 목적이 다른 사람 앞에서 떨지 않기 위함인데, 실제로 면접장에서 쓸 답변은 숨겨놓고 다른 답변으로 연습하는 게 과연 도움이 될까? 때문에 스터디에선 아무리 비장의 무기라 할지라도 숨기지 않고 사용하는 것이 좋다. 함께 스터디하는 친구들은 경쟁자가 아닌 함께 꿈을 이룰 친구임을 잊지 말자.

승무원을 **3** 꿈꾼다면
(항공과 입시 /   면접 답변 만들기)

면접장에서
차별화된 답변으로 주목받기

"우리 대학에 지원한 동기는 무엇입니까?"라는 문제는 항공과 입시 면접에서 가장 중요한 질문이다. 하지만 해마다 봐왔던 고3들의 지원동기는 거의 비슷하다. "저는 ○○대학의 커리큘럼을 보고 지원했습니다", "외국 교환학생 프로그램이 좋아서 지원했습니다", "홍보단 선배들이 좋아서 지원했습니다", "입시 설명회에서 봤던 교수님을 보고 지원했습니다" 등. 이런 대답은 거의 모든 학교의 면접장에서 나오고 있다. 더 중요한 건 많은 학생들이 별생각 없이 이런 말을 한다는 것이다. 면접관 입장에선 별로 관심이 가지 않는 답변이다. 답변을 만들 땐 구체적인 스토리를 넣어서 완성해야 한다. "입시 설명회에서 봤던 교수님을 보고 지원했습니다"가 아닌 "제가 그 교수님과 어떤 경험이 있었는데, 그런 경험을 통해서 이 학교를 오게 되었다"는 자신만의 스토리가 담겨있어야 한다. 그렇다면 어떻게 '차별화된 답변'을 만들 수 있을까? 바로 "여러분의 사회성"을 최대한 활용하는 것이다. 인증샷 남기기를 예로 들어보자.

지금 여러분은 S 전자 신입사원인 A와 B다. S 전자는 전 직원 워크숍을 왔다. 여러 가지 행사를 하던 중 평상시에 만나기 힘들었던 사장님과 단체 사진을 찍을 기회가 왔다. 함께 단체사진을 찍고 행사를 종료했다. A는 행사를 마치고 사장님과 함께 찍은 사진을 대표 메일로 전송하며 "사장님, 즐거운 워크숍이었습니다. 저는 파란 모자를 쓰고 있는 신입사원 ○○○입니다. 열심히 노력하겠습니다."라는 말을 적어 자신을 기억할 수 있도록 만들었고, B는 아무것도 없이 지나갔다. 여러분이 회사의 사장이라면 누구를 기억할 것인가? 만약 몇 년 뒤 A와 B 중 한 명을 승진시켜야 한다면, 그런데 A와 B가 비슷한 업무실력을 가졌다면 누구에게 더 관심이 가겠는가? A와 같은 사람을 우리는 사회성이 좋은 사람이라고 한다.

그럼 여러분은 이런 상황을 어떻게 수시 면접에 적용 시킬 수 있을까? 면접관을 미리 접할 수 있는 기회가 언제일까? 각 교수 이메일 주소는 학교 홈페이지에 나와 있다. 각 학교의 예비승무원 대회, 학과 체험, 입시 설명회, 대학 박람회 등 여러분이 노력만 하면 학과 교수들을 볼 수 있는 기회는 너무나 많다. 또한 대다수의 교수들은 한 권 이상의 저서가 있다. 내가 그 책을 읽어 봤다면, 면접장에서 그이야기를 할 수 있지 않을까? 중요한 것은 "저는 ○○ 교수님의 책을 봤습니다"가아닌 내가 봤던 책의 내용을 풀어서 면접관이 여러분에게 공감할 수 있게 설명할 수 있어야 한다.

자 그렇다면 위에서 이야기했던 여러분의 사회성을 보여줄 수 있는 기회를 통해 가고자 하는 학교의 교수님과 관계를 맺어라. 학교 홈페이지도 좋고, SNS도 좋다. 여러분이 문을 두드릴수록 그 학교에서는 여러분을 알아보게 된다. 다시 한번 강조하지만 답변의 핵심은 스토리다.

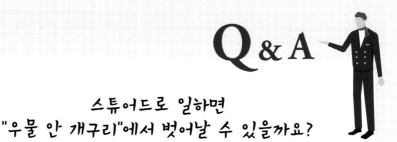

Q&A

스튜어드로 일하면
"우물 안 개구리"에서 벗어날 수 있을까요?

카타르항공에서 근무할 때의 일이다. 비행 브리핑 중이었는데, 아주 앳된 파일럿이 브리핑룸으로 들어왔다. 대학 졸업 후 비행학교에 들어가 자격증을 따서 카타르항공에 입사했다며, 부조종사 역할을 맡았다고 자신을 소개했다. 그 파일럿(정확히는 앳된 모습)을 보는 순간 내가 가지고 있던 '파일럿의 이미지'가 모두 사라졌다. 고정관념이 깨지는 순간이었다.

우리나라의 파일럿 양성과정을 생각해보자. 우선 파일럿이 되려면 공군사관학교를 가거나, 한국항공대학교, 한서대학교, 울진비행훈련원 같은 기관을 거쳐야 한다. 또한 '파일럿'하면 소위 말하는 엘리트만 할 수 직업이라는 편견이 있다. 나 역시 이런 분위기를 당연하게 여겼기 때문에 '내가 파일럿이 될 수 있을까?'라는 생각조차 해본 적이 없다. 하지만 세계 각국을 돌아다니며 많은 사람들을 만나 본 결과 '파일럿은 엘리트가 아니어도 된다'라는 인식이 생겼다. 또한 '세상에는 목적을 달성할 수 있는 방법이 여러 가지'라는 것을 깨달았다. 물론 외국 비행학교에서 공부하면 비용이 많이 든다는 점은 알아야 한다.

Q&A

스튜어드의 정년은 언제인가요?
보직 변경도 할 수 있나요?

스튜어드라는 직업은 '체력이 뒷받침되는 한' 정년까지 할 수 있다. 실제로 비행기를 탑승해 보면 머리카락이 희끗희끗한 사무장을 쉽게 만날 수 있다. 본인의 체력과 일에 대한 열정이 정년을 결정한다 해도 과언이 아니다.

보직 변경도 가능하다. 나와 함께 승무원으로 입사한 동기들만 해도 현재 다양한 보직에서 일하고 있다. 사무장이 되어 비행하는 친구도 있고, 비행 중 또 다른 꿈을 발견하고 열심히 돈을 모아 외국으로 가서 파일럿이 된 친구도 있다. 공항 지상직 근무를 하는 레바논 국적의 선배도 있는데, 잠시 그에 대한 이야기를 해보겠다. 이 선배는 스튜어드로 10년간 비행하다가 승무원 평가 담당 업무로 보직을 변경해 근무했었다. 자나 깨나 두 딸의 교육만 걱정하던 '딸바보'였는데, 카타르항공에서 미국에 새로운 노선을 열었을 때 미국지점 근무를 신청했다. 현재는 가족들 모두 미국으로 이주해 살고 있다(회사에서 가족들의 비자부터 숙소까지 모두 제공했다). 일도 하며 자녀 교육까지 해결한 셈이다. 이외에 공항 라운지 매니저로 일하는 동기도 있다. 입사 동기 중 가장 빨리 승진할 정도로 능력 있는 친구인데, 현재는 스튜어드가 아닌 카타르항공 취항지 중 가장 중요한 지역에서 라운지 매니저로 일하고 있다. 그렇다고 모든 승무원이 이들처럼 지상직 업무로 바꿀 수 있는 건 아니다. 스튜어드로 일정 기간 이상 근무하거나, 또는 해당 직무와 관련된 분야를 전공했다면 다른 포지션으로 옮길 기회가 생긴다.

이외에도 대부분의 회사는 내부채용이라는 시스템이 있다. 보통은 직원만 볼 수 있는 내부시스템에 공지가 올라오는데 평소에 관심을 두고 지켜본다면 또 다른 인생의 기회가 생기곤 한다. 기업 입장에선 새로운 직원을 뽑는 것보다 이미 그 기업의 문화를 잘 알고 있는 직원을 선호하는 게 당연할 것이다.

현직 스튜어드의 조언 1

현재 각국의 항공사에서 근무 중인 한국인 스튜어드 43명에게 물었다. '스튜어드를 꿈꾸는 후배들에게 도움이 될 만한 조언을 해주세요.' 아래 내용은 43명의 답변에 나의 경험을 추가해 정리한 것이다.

비행 중 남는 시간은 배움에 투자하라

상당수의 스튜어드들이 "자기 계발을 꾸준히 하라"고 답했다. 스튜어드는 한 달에 80~90시간을 제외하고는 오롯이 자기만의 시간을 가질 수 있다. 이 시간에 새로운 것을 배우거나 취미활동을 즐기면 된다. 나는 많은 시간을 여행과 사진 찍기에 투자했다. 할인 항공권으로 전 세계를 다니며 친구를 만들고, 내 인생의 방향을 설정할 수 있었다. 한번은 인도 국적의 스튜어드와 함께 비행한 적이 있는데, 이 친구는 남는 시간에 사진을 배워 아마추어 사진작가로 활동하고 있었다. 비행이 없을 때엔 세계를 돌아다니며 사진을 찍고, 그걸 온라인상에서 팔았다(심지어 사진을 팔아 버는 수입이 스튜어드 월급보다 많았다). 이런 멋진 일이 승무원 세계에선 흔하다. 자기가 통제할 수 있는 시간이 많기 때문에 가능한 일이다.

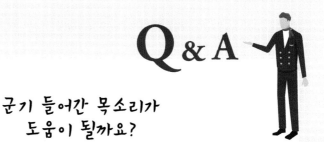

Q&A

군기 들어간 목소리가
도움이 될까요?

면접을 진행하다 보면 나도 모르게 지망생을 쳐다보는 순간이 있다. 지망생의 목소리가 너무 좋아서 무의식적으로 눈길이 가는 것이다. 하지만 간혹 '목소리 때문에' 아쉬움이 남는 지망생도 있다. 이제 막 승무원 준비를 시작한 초보 지망생들이 자신감이나 넘치는 패기를 드러내기 위해 군기 든 목소리로 면접을 보는 지망생들이 있다. 군기든 목소리는 좋은 인상을 남기지 못한다. 신병훈련소에서 쓰는 목소리와 말투로 기내서비스를 한다고 생각해보자. 승객들이 깜짝 놀라지 않을까? 비상상황이 아니라면, 승객에게 편안함을 주는 목소리가 적절하다.

"편안하고 좋은 목소리는 어떻게 내나요?"라고 묻는 사람이 제발 없길 바란다. 정답이 있을 리 없다. 다만, 똑같은 말을 하더라도 누가 어떤 감정으로 이야기하느냐에 따라 면접관(듣는 이)의 느낌이 달라진다. 실례로 두 명의 지망생이 입시 면접장에서 "자신은 친근감이 뛰어난 지원자"라고 본인을 소개했다. 하지만 두 학생에 대한 면접관들의 평가가 엇갈렸다. 한 지망생은 면접 내내 웃는 얼굴이어서 '사교성이 좋아 친구 사귀기 쉽겠다'라는 생각이 들었지만, 다른 지망생은 '과연 친구가 있을까?'라는 의심이 들 정도로 무표정이었다. 결과는 말하지 않아도 알 것이다. 자신의 이미지에 맞는 목소리를 가지고 있을 때, 목소리는 진정한 무기가 될 수 있다.

영화 〈터미네이터〉의 주인공이었던 아널드 슈워제네거를 모르는 사람은 없을 것이다. 영화 속에선 멋진 영웅이었고, 배우에서 정치인으로 전향한 이력도 있다. 이런 이미지 때문에 많은 사람들은 그의 실제 모습도 과감하고 리더십 있는 사람으로 생각할 것이다. 하지만 그는 작은 목소리와 웅얼거리는 말투, 오스트리아 출신이 가진 특유의 억양 때문에 처음 영화계에 발을 들였을 때 큰 역할을 맡지 못했다고 한다. 그랬던 그를 캘리포니아 주지사로 올려놓은 데에는 그의 목소리 코치였던 아서 조세프의 공이 컸다.

나 역시 고등학생 시절부터 가는 목소리 때문에 고민이 많았다. 특히 학군장교(대학에서 훈련 받는 기간)생활을 하며 고민이 더 커졌고, 결국 아침마다 산에 올라가 목청을 가다듬는 연습을 했다. 이를 통해 군대에 가서는 주변의 부하를 통제할 수 있는 남자다운 목소리를 키울 수 있었다. 하지만 승무원이 되어선 원래 내가 가진 목소리가 더 적합했다. 기내 방송을 들은 동료들이 '목소리 좋다'는 말을 해줄 때마다 자신감도 생기곤 했다.

146

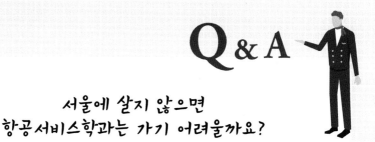

Q & A

서울에 살지 않으면
항공서비스학과는 가기 어려울까요?

제주도에 사는 고2 학생에게서 연락이 왔다. "항공과를 너무 가고 싶은데, 주변에 항공 관련 입시학원이 없어서 승무원이라는 꿈을 포기한다"는 것이었다. '입시지옥이 낳은 사설학원에 의지해야 꿈을 이룰 수 있다'는 말처럼 들려 마음이 아팠다.

교육의 방식이 변했다. 첩첩산중에 살아도 인터넷만 연결되어 있으면 하버드대학의 강의를 들을 수 있는 게 현실이다. 굳이 학원이나 강의실을 찾지 않아도 된다는 말이다. 내가 그 학생에게 제안한 방법은 ① 인터넷 강의를 통한 영어 공부, ② 유튜브를 통한 면접 공부, ③ 주변 학생들과 함께하는 스터디였다. 계속 강조하지만 유튜브에 '승무원 유튜브'를 검색하면 준비 방법부터 비행 이야기까지 거의 모든 정보를 실시간으로 얻을 수 있다. 심지어 미소 짓는 승무원 유튜브에 항공학과 최종 면접과 똑같은 방식의 방송도 만들어 놓았다. 55분짜리 방송을 켜놓으면 30초에 한 번씩 기출문제가 바뀌는 형식이다. 이 영상을 통해 실전 연습을 할 수 있다. 또한, 현직 승무원들이 비행을 가서 찍은 여행 VLOG(자신의 일상을 촬영한 영상)를 보며 승무원의 세계를 간접적으로 경험할 수 있다. 스터디 친구 역시 SNS를 활용해 찾아보자. 의지만 있다면 혼자서 공부할 방법은 많으니 주위에 학원이 없다고 고민할 필요는 없다.

이것만으로도 자극이 안 된다면 집에서 가까운 공항으로 가 보자. 유니폼을 입고 트롤리를 끄는 스튜어드를 보면 저절로 굳은 의지가 생길 것이다. 이처럼 혼자서 승무원을 준비하는 방법은 많다. 하고자 하는 마음이 가장 중요하다는 것만 명심하자. 그래도 여전히 망설여진다면 미소 짓는 승무원 카페에 고민 글을 남겨주길 바란다.

Q&A

항공서비스학과에 가지 않으면 승무원이 되기 어려운가요?

이 문제에 답하기 전에, 고등학생들이 가장 궁금해하는 전공 선택 방법에 대해 이야기해보자. 앞서 말했듯 내가 호텔경영학을 선택했던 이유는 드라마 〈호텔리어〉 때문이었다. 드라마를 통해 관광학에 관심이 생겼고, 재미있을 것 같았다. 흔히 점수에 맞춰 대학을 선택하는 것에 비하면 조금 특이했다고 할 수 있다. 학생들의 입시와 취업 지도를 하다 보면 전공 선택을 앞두고 고민하는 모습을 볼 수 있다. 그런 학생들에게 조금이나마 도움이 될 팁을 공개할까 한다.

우선, 트렌드를 확인하자. 트렌드는 시대의 추세, 조류, 유행을 의미한다. 전공 선택과 트렌드가 무슨 연결고리가 있을까? 의아한 사람을 위해 한가지 사례를 설명하자면, 친한 지인 중 의대 교수로 일하는 분이 있다. 그분이 입시 준비를 할 때 가장 인기 있던 학과는 의대가 아닌 우주 관련 학과였다고 한다. 그분 역시 우주 관련 학과를 가고 싶었지만 점수가 모자라서 어쩔 수 없이 의대에 진학했다고 한다. 그 결과 현재는 많은 사람들이 부러워하는 의사가 되었다(의도했던 건 아니지만). 이처럼 트렌드는 누구도 예상할 수 없다.

다시, 많은 학생들이 고민하는 "항공서비스학과는 필수일까?"라는 문제로 돌아가 보자. 이 문제는 너무나 많은 고등학생들이 끊임없이 질문하는 주제이다. 승무원을 꿈꾸는 청소년들이 지금까지 살아온 인생에서 가장 중요한 결정이 아마 대학과 학과 선정일 것이기 때문에 함부로 말할 수 없는 어려운 문제이다. 그래서 여기에 정답은 없다는 것을 먼저 이야기하고 싶다. 하지만 나 역시 이 문제에 대해 여러 방면으로 생각을 해 보았고 항공사 인사 담당자들과 주변 선배 교수님들의 조언, 그리고 내가 학교에서 경험했던 결과를 이야기하고 싶다.

우리는 시대가 요구하는 4C를 키워야 한다. 갑자기 이게 무슨 말인가 싶겠지만 4차 산업혁명의 시대라는 말을 많이 들어보았을 것이다. 2016년 세계 경제 포럼에서 클라우스 슈바프는 제4차 산업혁명이라는 용어를 처음으로 사용하였다. 빅데이터, 인공지능, 증강현실, 3D 프린팅과 같은 미래의 공상 과학 영화에나 나올 것 같은 단어들이 등장하기에 비행기 위에서 미소와 서비스를 최고로 생각하는 우리 객실승무원과는 전혀 관계가 없을 것 같지만, 누구나 한 번쯤은 인터넷상에서 "4차 산업혁명으로 인해 사라질 직업"이라는 기사를 본 적이 있을 것이다. 미래학자 토머스 프레이는 현재 있는 직업의 47%가 인공지능으로 대체될 것이라는 무시무시한 이야기를 전했고, 한국고용정보원에서는 10년 안에 1,575만 명의 일자리가 로봇으로 대체될 것이라 이야기했다. 이런 상황에서 우리는 어떠한 결정을 내려야 할까? 4차 산업혁명을 선도하고 있는 미국에서 미래 교육에 대해 연구하고 있는 버지니아 대학의 류태호 교수는 Creative, Critical thinking, Communication, Collaboration의 4가지 C에 대해서 강조했다. 이제는 승무원이 되기 위해서 단순히 음료만 잘 따르고, 기내 방송문만 잘 읽는 게 중요한 것이 아니라 창의적, 비판적, 협업적 대화를 통해 다른 사람과 소통할 수 있어야 몇 년 뒤에 사라질 직업 가운데서도 여러분은 살아남을 수 있다는 것이다. 스티브 잡스, 빌 게이츠, 안철수와 같은 세계의 유명한 CEO들이 인문학적 소양과 독서를 강조하는 것이 모두 이런 이유와 관련 깊다. 여러분은 대학에서 단순히 음식 서비스, 안전과 관련된 내용만 배우는 것이 아닌 미래를 위한 창의적, 비판적, 협업적인 정신을 배워야 한다.

이런 기본적인 생각을 바탕으로 조금 더 자세히 항공서비스학과에 대해 생각해 보자. 일단 학과를 선택할 때에는 다음 두 가지 구분을 바탕으로 여러분의 상황을 판단해 보자. 적성을 확인하는 방법은 앞서 얘기했던 아르바이트 또는 봉사활동을 통해서 가장 쉽게 알 수 있다. 아니면 내가 평상시에도 모르는 사람과 잘 어울리고, 다른 사람에게 봉사하는 것을 즐기고 있다면 이런 성격은 승무원이 잘 맞는다고 보면 된다.

① 승무원 적성을 이미 확인했다면

자신의 승무원 적성을 확인했다면 항공서비스학과로 가는 것을 적극적으로 추천한다. 일단 항공서비스학과는 승무원 취업을 위해 가장 중요한 요소인 "면접"에 대비한 수업을 진행하며 앞서 이야기했던 4C를 키우기 위해 여러 가지 비교과 프로그램을 진행하고 있다. 이 학과의 학생들은 항공사 객실승무원으로서의 전문지식뿐만 아니라 주기적인 외부인사 특강, 외부 견학 활동과 같은 다양한 경험을 쌓으면서 4차 산업혁명의 시대가 원하는 인재로 길러지고 있다. 또한, 전 세계를 무대로 활동해야 하므로 항공서비스학과의 학생들에게 외국어는 학과 수업의 반 이상을 차지할 정도로 외국어와 그 언어를 통한 문화를 이해하는 데 초점을 맞추고 있다.

물론 꼭 항공서비스학과를 나와야 승무원을 할 수 있는 것은 아니다. 채용공고에도 "전공 상관없음"이라고 적혀있다. 그런데도 '왜 많은 학생들이 항공서비스 학과로 몰리는 것일까?' 분명 항공서비스학과만 가진 강점이 있다. 비행실습, 언어에 대한 강조 등 여러 가지 이유가 있겠지만, 학교에서 아이들을 지도하는 입장에서 가장 큰 항공서비스학과의 장점은 바로 동기들과 함께하는 시너지 효과라고 생각한다.

평상시 다이어트를 하는데 혼자서는 1주일을 넘기기 힘들어도, 친구들과 함께해서 목표를 달성했던 경험이 누구나 있을 것이다. 혼자서는 1시간도 도서관에 앉아서 공부하기 힘들지만, 친구들과 함께 도서관에 간다면 온종일 함께 공부했던 경험이 누구에게나 한 번쯤은 있으리라 생각한다. 항공서비스학과 학생들은 입학하기 전부터 자신의 꿈은 "승무원"이라 생각한다. 그 하나의 목표를 향해 멈추지 않고 노력하는 친구들과 함께 있기에 이들의 머릿속엔 항상 "승무원"이라는 단어가 들어 있다. 머리 위로 비행기가 지나가면 자신이 몇 년 뒤에 비행기에 타고 있을 모습을 상상하고, 비행기 안에 탑승한 객실승무원의 뒷모습을 바라보며 자신의 뒷모습과 일치시키기도 한다. 주말엔 두 시간 버스를 타고 도착한 인천공항에 있는 커피숍에 앉아서 지나가는 승무원의 모습을 쳐다보며 자신의 미래 모습을 다시금 생각해본다. 이런 즐거운 상상의 에너지를 함께 느낄 수 있는 곳이 항공서비스학과다. 매년 4월마다 떨어지는 벚꽃 아래서 백여 명의 항공서비스학과 학생들이 학과복을 입고 동기 사진을 찍으며 "꽃길만 걷자"라고 주문을 외우며, 그 목표를 달성하기 위해 노력한다. 함께하는 에너지, 그게 내가 항공서비스학과에서 찾은 여러분의 모습이다. 그때의 감동이 바로 여러분이 지칠 때마다 계속 열심히 할 수 있게 만들어 주는 계기가 되어서 여러분에게 돌아온다고 생각한다.

또한, 학교 내에서 유일하게 유니폼을 입는 학과이다. 유니폼이 주는 여러 가지 효과가 있지만, 여러분은 유니폼을 입는 집단의 행동이 개인의 행동과 비교했을 때 수많은 긍정적인 효과가 있다는 이야기를 들어본 적이 있을 것이다. 1학년 때부터 학과 유니폼을 착용하는 항공서비스학과의 학생들은 일반과 학생들보다 눈에 잘 띌 수밖에 없고, 당연히 몸가짐도 조심스럽고 행동 역시 타의 모범이 될 수밖에 없다. 또한, 타 전공의 학생들에 비해 피부관리나 외모관리에 더 많은 관심을 많이 갖게 되는 것도 전 세계를 다니며 수많은 사람을 만나는 서비스업에서 근무해야 하는 승무원들에게는 도움이 되는 경험이라 이야기할 수 있다. 무더운 여름에 시원한 반바지가 아닌 유니폼에 넥타이까지 하고 학교를 왔다 갔다 하다 보면 이미 승무원이 된 듯한 생각도 들 것이다. 그런 하루하루의 작은 노력이 모여 여러분의 꿈을 실현해 준다. 여러분이 꿈을 꾸고 노력하는 순간 꿈은 여러분의 현실이 된다.

또한, 항공서비스학과에서 하는 특강 대부분은 서비스산업에 집중되어 있다. 일반적인 인문학 소양을 키울 수 있는 특강도 존재하지만, 대부분 특강은 항공사, 리조트, 호텔, 여행사, 카지노와 같은 서비스 산업에 집중되어 있어서 여러 학생의 다양한 서비스 산업에서의 간접경험을 키워줄 수 있다. 또한, 이미 취업한 선배들 역시 대부분 이런 분야에서 일하고 있기 때문에 무대 위에 서 있는 항공사에 취업한 선배의 모습을 보면서 자신의 몇 년 뒤 모습을 떠올리는 것은 누구에게나 당연할 것으로 생각한다.

또한, 언어에 대한 강조는 항공서비스학과에서 빼놓을 수 없는 장점이다. 관광이라는 말은 주나라 주역의 "관국지광, 이용빈우왕(觀國之光, 利用賓于王)"이라는 구절에서 나온 말이다. 이에 대해 학자마다 여러 가지 의미를 주장하고 있지만, 많이 통용되고 있는 의미는 "타국의 빛나는 업적을 쌓은 이를 찾아가 그것을 살피고 배우는 것"이라고 받아들여지고 있다. 이처럼 관광은 "일상생활을 떠나서 이루어지는 행위"라는 표현에서 관광은 우리 일상이 아니라 다른 나라 또는 다른 지역을 기반으로 벌어

지는 현상이라는 것을 알 수 있다. 따라서 여기에서 외국어의 중요성이 다시 한번 강조된다. 항공서비스학과 학생들은 기본적으로 영어와 제2외국어를 갖추려고 노력하고 있다. 특히, 요즘 들어 저비용항공사의 채용이 계속해서 많아짐으로써 중국어와 같은 제2외국어의 중요성은 계속해서 커지고 있다. 따라서 일반학과 학생들보다 항공서비스학과의 특성상 계속해서 언어를 강조하게 되고, 그로 인해 이 학과의 출신들은 타 전공 학생보다 그 중요성을 잘 알고, 노력하고 있다.

② 적성은 모르지만 "승무원"이라는 꿈이 막연히 있다면

고등학교 시절 공부만 하느라 여러분의 적성을 아직 파악 못 했다 할지라도 여러분의 꿈이 승무원이라면 항공서비스학과 학생이 되는 것도 하나의 방법이 될 수 있다. 실제로 내가 카타르항공을 다니면서도 적성과 상관없이 승무원이라는 직업이 주는 혜택과 만족도만으로도 승무원을 지원하여 즐겁게 비행을 하는 후배들도 많이 찾아볼 수 있었다.

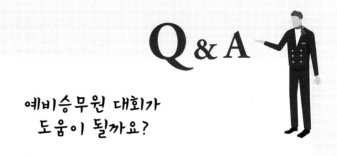

Q & A

예비승무원 대회가
도움이 될까요?

된다. 스튜어드 지망생이라면 예비승무원 대회에 나가 한번 '깨지고' 오라는 이야기를 하고 싶다. 집에서 영어 단어 외우고, 학원에서 매일 보는 친구들과 스터디하는 것보다 훨씬 도움이 될 것이다(예비승무원 대회는 전국의 거의 모든 항공학과에서 실시한다).

모 대학의 예비승무원 대회에서 있었던 일이다. 키도 크고 이목구비가 또렷해 외적 이미지가 좋았던 스튜어드 지망생이 있었는데, 면접장에서 많이 떨었던 게 문제였다. 이 학생은 결국 '참가'에 의의를 두고 대회를 마쳤다. 그리고 석 달 뒤에 다시 면접에 참가했는데, 벌벌 떨던 모습은 온데간데없이 자신감 있게 면접을 마쳤다. 그리고 자신이 원하던 학교에 합격했다. 이외에도 예비승무원 대회에서 얻을 수 있는 이점은 많다.

첫째, 자신의 실력을 객관적으로 평가할 수 있다. 전국에서 모인 수백 명의 학생 중 자신의 실력이 어느 정도인지 평가받고, 부족한 부분을 파악해 보완하면 큰 도움이 된다. 쉽게 말해 수능 전 모의고사라고 생각하면 된다.

둘째, 자신이 가고 싶은 학교의 분위기를 알아볼 수 있다. 예비승무원 대회 기간에 캠

퍼스를 둘러볼 수 있고(나 역시 모교를 선택한 이유 중 하나가 '캠퍼스가 예뻐서'다), 이는 "대학에 가고 싶다", "대학생이 되고 싶다"라는 동기부여로 이어질 수 있다. 꼭 예비승무원 대회가 아니더라도 주말을 이용해 본인이 가고 싶은 대학을 구경하는 것도 좋은 방법이다.

셋째, 경험은 무엇과도 바꿀 수 없는 자산이 된다. 토머스 칼라일(Thomas Carlyle)의 명언 중 "모든 경험은 최고의 스승이다. 다만 학비가 비쌀 뿐"은 내가 무척 좋아하는 말이다. 스튜어드 지망생 시절에 있었던 일이다. 당시 모든 준비가 덜된 상태에서 '잘 될 거야'라는 근거 없는 자신감만 가지고 모 외항사 면접을 봤다. 첫 면접장에서 받은 질문이 "연예인을 본 경험담을 들려주세요"였다. 생각지도 못한 질문에 '아…, 음…, 에…'만 반복하다가 면접이 끝나버렸다. 허무한 면접을 보고 집으로 돌아가는 버스 안에서 비로소 생각난 게 있었는데, 과 후배 중 배우 한가인이 있었다는 사실이다(한가인이 존재감 없다는 말이 아니라, 그 정도로 첫 면접이 많이 떨렸다는 이야기다). 다행스럽게도 그렇게 면접을 한 번씩 볼 때마다 나의 멘탈은 더욱 강해졌다. 그 후 몇 달 뒤에 본 면접에서 나는 최종 합격 소식을 들을 수 있었다. 첫 면접 때 당황한 나머지 아무 것도 못했던 경험이 나를 성장시킨 것이었다. 경험보다 훌륭한 스승은 없다. 따라서 예비승무원 대회는 기회가 닿는다면 무조건 참여하자.

넷째, 가고 싶은 학과의 담당 교수에게 얼굴도장을 찍을 수 있다. 대학에서 입시를 진행하다 보면 낯익은 얼굴을 종종 마주하게 된다. 혹시나 해서 물어보면 예비승무원 대회에 참여했던 학생들이다. 이런 경우 면접관 입장에선 예전보다 실력이 늘었는지 그대로인지(실제로 실력이 부쩍 늘어서 오는 경우가 대부분이다) 관심이 생길 수밖에 없다. 경험치가 쌓인 만큼 실력도 좋을뿐더러, 꿈을 위해 꾸준히 노력하는 의지가 기특해서 1점이라도 높은 점수를 주고 싶지 않을까? 설령 과거에 참가한 예비승무원 대회에서 돌이킬 수 없는 '흑역사'를 쓴 것 같다며, 면접관 얼굴을 다시 보기 부끄러워하는 지망생이 있다면 그런 생각은 하지 말자. 면접관은 열심히 노력하는 지원자를 응원한다는 사실을 유념하자. 따라서 기회가 생긴다면 무조건 참가하는 것을 추천한다.

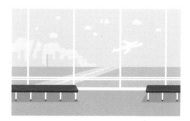

관광, 항공 분야의 성장

우리나라는 역사를 통틀어 현재 가장 큰 세계의 주목을 받고 있다. K-POP, 강남스타일, 김연아, 평창동계올림픽, 방탄소년단 등. 과거의 대한민국의 이미지가 전쟁이 만들어낸 '분단국가'였다면 최근에는 무척 긍정적인 이미지로 바뀌고 있다. 그리고 얼마 전에는 '판문점 선언'으로 다시 한번 전 세계의 주목을 받았다. 그 날 저녁부터 우리나라 신문에 가장 많이 등장하는 단어는 "한반도 신경제지도"다. 사실 이 용어는 3년 전에 처음 등장했다. 하지만 그때만 하더라도 실제 통일 가능성이 낮았기 때문에 크게 주목 받지 못 하다가 이번 판문점 선언을 통해 '핫 키워드'로 다시 떠올랐다.

나는 2년 전 발표된 현대연구소의 "통일 한국의 12대 유망산업" 경제 보고서를 확인할 수 있었다. 이 보고서에서는 미래의 통일 한국에서 주목받을 12개 산업(건설, 전력·에너지, 유·무선통신, 자원개발, 교통·물류, 기계, 소재, 환경·바이오, 가전, 자동차, 항공우주, 관광)을 이야기했는데, 이중 4개 산업(교통·물류, 환경·바이오, 항공우주, 관광)이 '관광'이라는 유사점을 가지고 있다. 이는 통일 시대에 맞춰 관련 산업군의 채용이 늘어날 것이고, 이 분야를 공부한 사람들에게 더 많은 가능성이 열려 있음을 의미한다. 그런 의미에서 내가 현재 공부하고 있는 관광, 항공이라는 학문에 큰 자부심을 느꼈다. 여러분 역시 5년~10년 뒤 대학을 졸업하게 될 때는 관광, 항공 분야를 선택한 결정에 미소를 짓게 될 것이라 확신한다.

현직 스튜어드의 조언 2

일본 나리타로 향하는 K 항공에 올랐다. 밤 비행기인데도 승객이 많았다. '오늘 비행하는 승무원들은 도쿄 도착 후 한두 시간 쉬고 다시 돌아오겠지? 피곤하겠다'라는 생각을 하며 자리에 앉았다. 평소 비행기를 타면 스튜어드를 관심 있게 보곤 한다. 그날도 마찬가지였는데, 낯익은 스튜어드가 눈에 띄었다. '어디서 봤더라…' 생각하던 찰나에 그 스튜어드가 나를 먼저 알아봤다.

Han   맹고브로님이시죠? PIL(탑승객 정보)에서 이름 보고 설마 했었는데, 만나 뵙게 되어 영광입니다. 유튜브 팬입니다.

Min   …아! H! H 님이시구나! 반가워요!

그제야 이 친구가 누군지 떠올랐다. 그와 난 이미 SNS 친구이기도 했고, 이 친구가 스튜어드로 합격했을 때에도 소식을 전해줘서 '안전하게 비행하라'고 응원했던 게 기억났다. 스튜어드가 되어 멋지게 비행하는 모습이 기특하고 반가웠다. 하고 싶은 이야기도, 궁금한 것도 많았지만 H가 한가해질 때까지 기다리기로 했다. 기내 서비스가 끝나고 승무원 휴식 시간이 되자 H가 나를 찾아왔다. 우리는 한참 동안 비행과 회사, 스튜어드에 관한 이야기를 나눴다(H를 실제로 만난 건 처음이었지만 원래 알던 사이처럼 긴 대화를 했다. 어딜 가나 스튜어드는 소수이므로 국적과 소속, 나이를 막론하고 쉽게 친해진다).

Han   저 근데 이번 달까지만 비행해요. 이미 사직서도 냈고요.

Min   왜? 그렇게 열심히 준비해놓고? 무슨 일인데? 아직 1년밖에 안 됐잖아? 비행
              이 체질에 안 맞아?

Han   비행은 너무 재밌어요. 너무 즐거워서 조금 더 비행기 공부를 해보려고요.

Min   비행기 공부? 무슨 말이야?

Han   마침 회사 기장님이 미국에 있는 비행학교를 추천해주셔서 거기서 공부하기
              로 했어요. 비행 경력이 짧은 게 마음에 걸리긴 하지만… 한 살이라도 어릴
              때 가는 게 좋을 것 같아 과감하게 결정했습니다.

나는 H의 말을 듣고 마음속으로 박수를 쳤다. '파일럿 연봉이 승무원 연봉보다 많아서 잘했다'는 게 아니다. H의 도전정신 때문이었다. 대다수의 사람들은 목표를 이루고 나면 그대로 안주하려는 경우가 많다. 특히, 스튜어드라는 직업은 거의 '국가고시'를 본다는 마음으로 준비하기 때문에, 목표를 이뤘을 때 '이제 됐다'는 심정으로 그날

부터 목표 없이 생활하는 경우가 많다. 나 역시 카타르항공 입사 후 몇 년 동안은 계획도, 자기 계발도 없이 똑같은 일상을 반복했던 적이 있었다.

그런 의미에서 H에게 응원의 박수를 보내고 싶었다. 짧은 기간이나마 스튜어드로서의 경험을 쌓고, 더 넓은 세상을 향해 떠나려는 그의 도전정신이 무척 아름답고 멋져 보였다. 이 책을 읽고 있는 대부분 사람들의 일차적 목표는 '스튜어드'일 것이다. 하지만 우리는 그 꿈을 이룬 후에도 많은 도전을 할 수 있고 '그 어떤 것'도 될 수 있는 사람이라는 것을 명심하자.

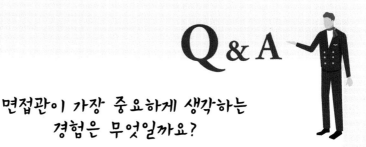

Q & A

면접관이 가장 중요하게 생각하는 경험은 무엇일까요?

현재 하는 일을 중점으로 쓰면 된다. 학생이라면 학교생활이 가장 중요할 것이고, 스터디나 아르바이트, 직장생활 중이라면 그와 관련된 경험을 적자. 면접관이 가장 유심히 보는 건 '현재 무엇을 하고 있는지'이며, 질문 또한 이와 관련하여 나올 것이다. 예를 들어 아직 학생이라면 학교 소개와 학교생활에서 힘들었던 경험, 무엇을 배웠는지, 본인의 전공과 승무원의 연관성, 왜 항공서비스학과를 가지 않았는지 등을 물어볼 수 있다. 아르바이트나 직장에 다니고 있다면 스트레스를 어떻게 해소하는지, 현 직장에 대한 이야기 등이 질문으로 나올 수 있다. 따라서 면접 답변도 현재 하는 일에 맞춰 준비하는 게 바람직하다.

반대로 오래된 경험은 버리는 게 좋다. 20대 후반의 지원자가 고등학생 때 경험한 봉사활동 등을 나열하는 것은 무의미하다. 인생이 송두리째 바뀐 사건이 아니라면 차라리 적지 않는 것을 추천한다.

Q&A

정성껏 쓴 자소서, 면접관이 읽어보나요?

항공사 인사담당자들의 말에 따르면 채용 기간 동안 서류 정리 및 검토를 위해 많은 인원이 야근을 하고, 인력이 모자랄 땐 다른 부서의 지원도 받는다고 한다. 똑같은 스펙의 지원자라 하더라도 어떤 면접관이 무엇에 중점을 두고 살펴보는지에 따라 결과가 달라질 수 있다. 매번 똑같은 자기소개서로 지원하는데 지난번에는 떨어지고 이번에는 붙는 등의 결과가 나오는 것도 이 때문이라고 할 수 있다. 다만 정해진 시간에 방대한 양의 서류를 봐야 하므로 초기의 지원서는 좀 더 시간을 들여 살펴볼 수 있고, 후반으로 갈수록 급하게 검토하는 상황이 벌어질 수도 있다(이 말은 마지막에 지원하는 게 좋다는 의미가 절대 아니다). 또한, 자소서 검토를 기계가 아닌 인간이 하므로 똑같은 자소서가 이번에는 합격하더라도 다음번엔 불합격하는 결과가 나오기도 한다.

2013년, 온라인 취업포털 사이트 〈사람인〉에서 국내기업 인사담당자 764명을 대상으로 설문조사를 했다. 그 결과에 따르면 91.4%가 "서류 접수 마감 전부터 입사지원서를 검토한다."고 응답했다. 이유는 '우수 인재가 있다면 바로 채용하기 위해(68.5%), 더 꼼꼼히 검토할 수 있어서(26.1%) 등이었다. 또한 실제 응답 기업의 79.5%는 서류 마감일 전에 합격자를 결정했던 것으로 알려졌다. 이 설문에 따르면 인사담당자들이 가장 선호하는 접수 시기로는 '접수 시작 후 2~3일 이내(46.1%)가 가장 많았고, 접수 시작 당일이라는 답변도 10.7%에 달해 대체로 입사지원서를 빨리 제출하는 것이 낫다는 결과가 나온다.

이외에도 서류 접수 기간이 예고 없이 변경(마감)되는 경우도 있었다. 2013년에 있었던 한 외항사 채용에서는 마감일 4일 전에 채용이 종료됐고, 2017년에도 한 외항사에서 예고 없이 채용을 마감하여 지원자들의 애간장을 태운 적이 있었다.

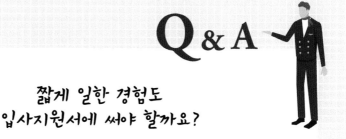

짧게 일한 경험도 입사지원서에 써야 할까요?

짧은 경력은 전혀 도움이 안 된다. '저는 끈기가 없어 여기저기 옮겨 다니는 사람입니다'라고 광고하는 것과 같다. 또한, 면접 시 모든 질문은 이력서를 토대로 진행된다. 경험이 많을수록 질문의 범위가 넓어진다. 예를 들어 한 레스토랑에서 4년간 일한 지원

자 A와 레스토랑, 예식장, 편의점, 마트, 우체국에서 3개월씩 근무한 B가 있다고 하자. A는 레스토랑과 관련된 질문만 받겠지만 B는 레스토랑, 예식장, 편의점, 마트, 우체국과 관련된 답변을 모두 준비해야 한다. 또한 면접관은 B를 보며 "끈기가 없겠군"이라고 생각할 수도 있다. 따라서 이력서에는 최소 6개월 이상 경험한 것만 적는 것이 좋다.

항공사 인사담당자의 말에 따르면 "채용보다 중요한 게 현재의 인력이 빠져나가지 못하게 관리하는 것"이라고 한다. 기업이 가장 두려워하는 것 또한 "채용 실패"다. 채용 실패란 면접에 합격하고도 입사일에 출근하지 않거나, 다른 기업으로 가거나, 입사 후 1년 안에 퇴사하는 경우 등을 말한다.

피터 드러커는 채용에 5분을 들인다면 그 직원이 일으킨 잘못된 사고를 수습하는 데 5,000시간을 들여야 한다고 말했다. 신입 승무원 한 명이 입사하면 항공사에서는 교육비, 유니폼, 4대 보험 등의 혜택을 제공해야 한다. 또한 외항사의 경우 비행기 티켓까지 제공하므로 비용은 더 높아질 수밖에 없다. 이런 이유로 많은 외항사에선 정해진 기간 내에 퇴사할 경우 일정 금액을 물어내야 하는 시스템을 만들어 놓았다. 카타르항공 역시 유사 상황에 대비해 매월 급여에서 일정 금액을 공제해두었다가, 2년 이내에 관두면 그 금액을 회사에서 가져갔다. 물론 2년이 지나면 공제했던 금액은 모두 돌려준다.

"채용 실패"는 항공사뿐만 아니라 국내 대기업에서도 중요하게 생각하는 문제다. 2014년도 「노컷뉴스」에 따르면, 대기업 입사 후 1년이 안 되어 관두는 인원이 전체 신입 직원의 30%에 이르고, 중소기업은 50% 이상이라고 한다. 따라서 이러한 채용 실패를 막고 기업과 구직자 모두에게 도움이 되기 위해선, 구직자들 스스로 자신의 직업에 대한 가치관이나 적성을 먼저 확인하는 것이 좋을 것으로 판단된다.

Q & A

외항사 채용 정보는
어디서 얻을 수 있나요?

항공사 채용 정보를 얻을 수 있는 가장 확실한 방법은 그 회사의 홈페이지를 방문하는 것이다. 하지만 언제 공고가 날지 모르는 상황에서 매일 홈페이지를 들락이는 것도 쉽지 않다. 그럴 때는 미소 짓는 승무원 카페의 채용 게시판을 이용하자. 국내는 물론 외항사의 채용 정보까지 확인할 수 있다.

또한, 채용 공고가 없더라도 각 항공사에 자신의 영문 이력서를 보내는 방법도 좋다. 일부 외항사의 경우 이력서를 수시로 받아놓았다가 인원이 필요할 때마다 보충하는 상시채용이 있다. 실례로 나는 카타르항공 퇴사 후, 한 외항사에 지상직 매니저 지원서를 낸 적이 있다(물론 채용 공고가 나지 않은 상태였다). 수개월 후 그 항공사에서 사무장으로 채용하고 싶다는 전화를 받았지만, 내가 원했던 직무가 아니라 거절한 적이 있다. 이처럼 여러 가지 경우의 수가 발생할 수 있으므로 뭐든 도전해보는 것이 좋다.

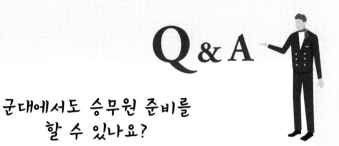

Q & A

군대에서도 승무원 준비를
할 수 있나요?

군대는 대한민국 남자라면 피할 수 없는 관문이다. 나는 군대에서 팀워크와 리더십을
배우며 체력도 기를 수 있었다. 실제 복무 중인 병사, 장교 중에도 스튜어드라는 직업
에 관심이 있어서 내게 연락을 하는 경우가 많다. 군대에서 스튜어드를 준비하는 방법
은 크게 두 가지다. 영어 준비와 면접 답변 준비.

영어 준비를 하는 방법은 간단하다. ① 고등학교 1학년 영어 교과서를 한 권 준비한다.
② 준비한 교과서를 외운다. 언제까지? 다 외울 때까지. 이게 군대에서 할 수 있는 가
장 효율적인 영어 공부다. 여러 가지 책도 필요 없다. 무조건 고등학교 1학년 교과서
한 권만 목표로 하자. 다소 원시적으로 느껴질 수 있지만 실제로 이 방법은 국내의 한
베스트셀러에서 권장하고 있을 만큼 효과가 좋다. 외우는 방법도 간단하다. 하루에
한쪽씩 외운다. 예를 들어 오늘이 12월 1일이라면 1일 날 1쪽, 2일 날 1~2쪽, 3일 날
1~3쪽, 4일 날 1~4쪽 식으로 한쪽씩 늘려가되, 전날 외웠던 것과 합쳐서 외운다. 이런
식으로 한 권을 다 외울 때까지 반복한다. 특히, 야간 불침번 때 멍하니 시간을 보내
는 것보다 책을 외우면 더 효율적이고 시간도 잘 간다. 이런 식으로 영어의 기본을 다
지고 전역 후에 토익과 토익 스피킹 공부를 시작한다. 승무원에게 필요한 영어 실력의

기초를 쌓는 시간이라고 생각하면 된다.

영어 다음으로 중요한 것이 면접 답변 준비다. 답변 준비 방법에는 여러 가지가 있는데, 그중 하나가 모방하기, 두 번째는 자신의 경험 정리하기다. 모방하기는 어떻게 해야 할까? 주변을 둘러보면 남들보다 말 잘하는 사람이 있을 것이다. 항상 주변의 분위기를 좋게 만들고, 에너지를 불어넣는 사람. 그런 사람을 찾자. 그 사람과의 관계를 유지하며 말투와 행동을 따라 하자. 이유는 간단하다. 그런 유형의 사람이 면접관에게 좋은 인상을 남긴다. 물론 면접관은 지원자의 여러 부분을 눈여겨보지만, 언변이 뛰어나다면 플러스 요인이 될 수 있다. 좀 더 가감 없이 말하자면 면접은 '말발 테스트장'이라고 할 수 있다. 자신을 얼마나 잘 포장하느냐에 따라 결과가 달라질 수 있다.

두 번째 답변 만들기 방법은 자신의 경험을 정리해보는 것이다. 예를 들어 자기소개서 작성을 위한 '마인드맵'(마인드맵과 관련된 내용은 185쪽에서 자세히 살펴볼 수 있다)을 해보자. 키워드는 본인이 얼마든 바꿀 수 있지만 이왕이면 항공사, 승무원과 관련된 단어로 연습하는 게 좋다. 여기서는 한 항공사의 핵심 인재상인 "도전, 창의, 고객 중심, 열정, 협동"이라는 단어를 사용해보겠다. 우선 "도전, 창의, 고객 중심, 열정, 협동"이라는 단어에서 파생되는 단어를 모두 적는다. 그리고 거기에 어울리는 에피소드를 작성한다. 여기까지 마쳤다면 이 에피소드를 어떤 기출문제와 연관 지을지 생각해본다. 이런 식으로 자신이 경험과 기출문제를 연결하다 보면 좀 더 수월하게 자기소개서를 완성할 수 있다.

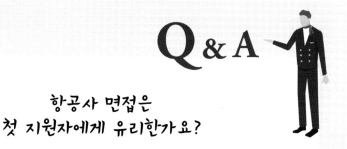

Q & A

항공사 면접은
첫 지원자에게 유리한가요?

국내 항공사 인사담당자들의 말에 따르면 "첫 지원자라서 유리한 것도, 불리한 것도 없으니 무조건 지원"하라는 것이다. 이는 회사의 채용 방침을 공식적으로 알려주는 채용설명회에서도 들을 수 있는 말이다. 단지 첫 지원자의 합격률이 높게 느껴지는 이유는 매 채용마다 처음 지원하는 사람 또한 많기 때문이라고 한다.

만약 인터넷에 떠도는 말처럼 한 번이라도 지원을 하면 그대로 기록이 된다는 게 사실이라고 치자. 대한항공의 경우 두 자릿수 인원을 뽑기 위해 약 1만 3천 통의 입사지원서를 받는데, 매 채용마다 이 인원들의 개인 정보를 모두 보관하는 셈이다. 그런데, 우리나라에서 민감한 사안인 개인정보보호법을 어기면서까지 이래야 할 이유가 있을까? 항공사는 이런 곳에 시간을 쏟을 만큼 한가한 곳이 아니다.

작년 한 해 동안 K 항공의 채용은 1회가 전부였지만 수많은 LCC와 외항사에서 채용이 이루어졌다. 4월에 한 외항사 채용이 열렸을 때, 두 명의 스튜어드 지망생과 컨설팅을 했다. 미국에서 호텔경영을 전공하고 막 돌아온 사람과, 국내에서 공대를 졸업하고 영어 공부를 하며 스튜어드를 준비하던 사람. 두 사람 다 준비 기간이 짧아(2개월 정도) 지원을 망설이고 있었다. 그러나 지원자격 요건은 갖추고 있었으므로 일단 지원해 볼 것을 권유했다. 객관적인 조건만 봤을 땐 미국에서 호텔경영학을 공부하며 실전 업무 경험을 쌓았던 친구가 채용될 가능성이 높았다(둘 중 한 명이 채용된다고 가정했을 때). 둘 다 승무원 준비 기간이 짧았지만 한국에서 공대를 나온 친구는 면접 경험을 쌓기 위해 지원을 했고, 미국에서 온 친구는 준비 시간을 좀 더 갖고 다음 기회에 지원하는 것으로 결정했다. 결과는 어떻게 되었을까? 지원을 했던, 한국에서 대학을 졸업한 지원자는 합격을 해서 현재 스튜어드로 비행하고 있다. 이 친구는 아무것도 모르는 상태라 긴장을 덜 했고, 마침 인터뷰 질문 또한 다른 때보다 훨씬 쉽게 나왔던 것이다. 이 둘은 동시에 같은 고민을 갖고 컨설팅을 받았지만, 한 친구는 비행을 하고 있고 1년이 지난 지금도 한 친구는 여전히 준비를 하고 있다.

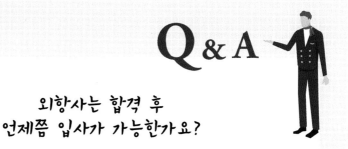

Q & A

외항사는 합격 후
언제쯤 입사가 가능한가요?

합격 후 입사까지 시기가 정해져 있지 않다(이는 국내 항공사도 마찬가지다). 합격 후
일주일 후부터 출근할 수도 있고, 몇 년 후에 입사하는 경우까지 다양하다. 최종 합격
을 했음에도 몇 년도 넘게 기다리다가 결국에는 다른 회사를 가게 되는 불운한 경우
도 있다(이런 경우는 지금까지 외항사만 있었다. 최종 합격을 했지만 계약서는 작성하
지 않고 무작정 대기만 시키다가 결국 그 합격생들은 타항공사에 들어갔다). 국내 항
공사의 사례를 살펴보자.

2017년 11월 국내 LCC 항공사에서 채용이 있었다. 예상치 못한 채용이었으므로
일각에서는 '항공사에서 급하게 인원이 필요한가 보다. 이번에 합격한 사람들은 수
일 내에 동시 입사할 것'이라는 소문이 돌았다. 하지만 실제로는 이때 합격한 인원
들이 세 개의 기수로 나뉘어 순차적으로 입사했다. 2018년 4월까지 입사가 이어졌
으니 채용 공고부터 입사까지 6개월이 걸린 셈이다. 당시 이 회사에 합격한 한 학생
은 여행 계획을 세워놓고도 언제 입사일 공지 메일이 올지 몰라 아무 것도 못 하고
집에서 항공사의 입사일만 기다리며 몇 달을 지냈던 경우도 있다.

외항사는 이보다 더 다양한 경우의 수가 존재한다. 나의 경우 한 달이라는 시간이 있어서 비교적 여유 있었지만, 지인 중엔 외항사 최종 면접 후 일주일 만에 비행기 티켓을 받은 사람도 있다. 필요한 짐은 물론이고, 한국을 떠날 때 친구들과 인사도 못 한 채 비행기를 탔다고 한다. 또 다른 사례로 2017년 10월 카타르항공에 합격한 한 학생은 2018년 5월에야 입사일이 정해졌다. 거의 9개월을 기다린 셈이다. 가족들과 시간을 보낼 수 있어서 좋았다고 하지만 회사 측과 아무런 계약도 없이 무작정 기다려야 하는 기간에 느꼈을 초조함은 겪어본 사람만 알 수 있을 것이다. 이처럼 항공사는 채용 시기도 입사일도 상황에 따라 달라진다.

면접관이 좋아하는 자기소개서 작성법

서류 심사에서 가장 중요한 것은 자기소개서다. 이유는 간단하다. 기업에선 보통 1~2주 동안 입사지원서류를 받는다. 접수 마감 시간까지 짧으면 7일, 길면 14일. 그 시간에 무엇을 바꿀 수 있겠는가? 토익, 학점, 이미지 등 채용에 영향을 미치는 여러 가지 요소 중 당장 바꿀 수 있는 건 자기소개서밖에 없다. 따라서 현재 채용을 기다리고 있다면 차별화된 자기소개서를 작성하는 데 집중해야 한다. 자기소개서를 쓸 때는 면접관이 원하는 답이 무엇인지 파악하는 게 가장 중요하다. 다음은 에어서울의 질문 문항이다.

[2018년 4월 에어서울 채용]

① 귀하가 회사를 선택한 기준, 에어서울을 선택한 이유는?

② 본인의 성격, 특징을 표현할 수 있는 단어 3개, 그런 특성이 형성되는 데 영향을 미친 경험을 작성하시오.

③ 서비스, 마케팅 전략 중 개선해야 할 부분, 또는 입사 후 추가하고 싶은 서비스, 마케팅 전략은 무엇인가?

④ 스트레스를 관리하는 방법은 무엇인가?

이중 가장 중요한 문제는 무엇이고, 왜 이런 문제가 출제됐는지 면접관의 의도를 파악해보자. 그 전에 2017년에 있었던 에어서울의 출제 문항과 달라진 점이 있는지 우선 살펴보자.

[2017년 4월 에어서울 채용]

① 본인의 특성과 성장배경을 설명하시오.

② 캐빈승무원에 지원하는 동기는 무엇인가

③ 본인이 가장 소중히 생각하는 것과 그 이유는 무엇인가?

④ 귀하가 회사를 선택하는 기준은 무엇이며, 에어서울을 선택한 이유는?

2017년과 2018년 채용 공고에서 비슷한 문항을 찾으면 2017년의 1번, 2018년의 4번 문제가 동일하다. 지원동기를 묻는 문제는 대부분 면접에서 가장 중요한 문제 가운데 하나다. "귀하가 회사를 선택하는 기준이 무엇이며, 왜 에어서울을 선택했는지"다. 소위 '지원동기'를 대부분의 기업에서는 궁금해한다. 또한, 각 회사의 인사담당자들과 항공과 교수들에게 '가장 중요한 질문이 뭐라고 생각하는지'를 물었을 때 빠지지 않고 등장한 답변도 지원동기였다. 따라서 나는 지금까지의 면담을 통해 면접에서 가장 중요한 세 가지 질문을 선정했다. 이는 항공사 채용뿐 아니라 대학 항공과 입시 때도 마찬가지다.

① 지원동기는 무엇인가?
② 자기소개를 해보세요
③ 입사 후 포부는 무엇인가?

②번 자기소개의 경우, 문장을 조금씩 바꿔가며 똑같이 출제되는 것을 볼 수 있다. 2017년 공고의 ①번을 자기소개로 생각할 수 있고, 2018년 공고의 ②번 역시 자기소개 문제다

일단 자기소개서를 작성하기 전 가장 중요한 것은 그 기업의 인재상 또는 기업문화를 분석하는 것이다. 아래 에어서울을 예로 들자면 에어서울의 기업문화는 소통/배려, 변화/도전, 긍정/창의의 세 가지다. 그러면 이 세 가지를 각각의 자기소개서 문제에 적용해 보자.

[에어서울의 기업문화]

– 소통하고 배려하는 조화로운 문화 ⇒ 소통, 배려(팀워크)

– 변화를 두려워하지 않는 도전적인 문화 ⇒ 변화, 도전(도전)

– 긍정의 에너지 넘치는 창의적인 문화 ⇒ 긍정, 창의(도전)

① **회사를 선택한 기준, 에어서울을 선택한 이유**에는 소통, 변화, 긍정의 키워드 중 도전이라는 키워드를 사용해 보겠다. 모든 기업들은 "도전"이라는 키워드를 좋아하지만 특히 LCC처럼 기존의 FSC라는 큰 장벽을 넘어야 하는 항공사들에게 도전정신은 살아남기 위한 필수조건이기도 하다. 일단 자소서 작성의 첫 번째는 자신이 정한 키워드 즉 "도전"을 보여주는 그 기업의 예시를 찾는다. 예를 들어, 에어서울의 도전정신 같은 경우는 바로 국내 항공사 중 최초로 타항공사에서는 시도하지 않았던 연간 항공권인 "민트패스" 출시다. 이 민트패스를 통해 에어서울은 2018년 상반기에 창립 후 처음으로 흑자를 달성할 수 있었다. 이런 사실을 여러분이 알고 있다면 이제는 나만의 도전을 보여주는 예시를 찾는다. 예를 들어 내가 캐나다로 어학연수를 갔는데, 어학연수 코스로 많이 찾는 밴쿠버 같은 지역이 아닌 한국인이 아예 없는 깊은 산골에 머물며 영어를 익히고, 그들의 문화를 배운 것과 같은 예시는 여러분의 도전정신을 보여줄 수 있다. 이렇게 에어서울의 도전의 예시와 나만의 도전의 예시가 나왔으면 이제는 이 두 가지 사례를 합치는 일만 남았다. "에어서울은 민트패스를 통해 타항공사에서는 보여주지 않았던 도전정신을 보여줬고, 나는 남들은 가지 않는 곳으로의 어학연수를 통해 강인한 도전정신을 키울 수 있었다. 이처럼 나는 강인한 도전정신을 가지고 있기에 나의 도전정신을 더욱 키울 수 있는 에어서울로 지원하게 되었다."라고 작성하면 여러분 스스로의 모습과 에어서울의 인재상과 부합하는 지원동기가 완성된다.

기업에서 지원동기를 묻는 이유는 회사에 대한 관심과 충성도를 확인하기 위해서이다. 대부분의 면접관들은 "이 사람을 뽑았는데, 금방 관두면 어쩌지?"라는 고민을 한다. 놓치고 싶지 않은 인재라서 그런 고민을 하는 경우도 있고, 한 사람을 채용하는 데서 파생되는 시간과 비용, 인력 문제 등도 무시할 수 없기 때문이다. 따라서 지망생의 "지원동기"에 면접관의 관심이 쏠릴 수밖에 없다. 또한, 지망생이 회사나 맡게 될 직무에 대해 얼마나 잘 알고 있는지 명확하게 드러나는 곳도 지원동기다. 예를 들어보자. 이 책을 읽고 있는 승무원 지망생 중 대한항공의 직책에 대해 정확히 아는 사람이 있을까? 대부분 '사무장'이라는 직책은 알고 있을 것이다. 하지만 사무장이라는 직책이 4계급으로 나누어져 있다는 것을 아는 사람은 드물 것이다. 만약 면접장에서 "저는 이 회사에서 25년간 근무한 뒤 상무대우 수석 사무장이 되어 우리 객실의 승무원과 승객의 안전을…"처럼, 기업의 구체적인 직책까지 말할 수 있다면 달라진 면접관의 눈빛을 느낄 수 있을 것이다.

이런 것을 '기업에 대한 관심'이라고 할 수 있다. 그렇다면 기업 정보는 어떻게 찾을 수 있을까? 우선 해당 기업의 홈페이지를 살펴보자. 회사에서 제공하는 서비스는 말할 것도 없고, 기업 설명, 역사, 최근 이슈, CEO의 이름과 특징 등을 훑어본다.

유튜브 '미소 짓는 스튜어드 맹고브로'에서 홈페이지 분석법을 제공하고 있다.
http://youtube.com/c/미소짓는승무원

홈페이지 외에 구글 등(N 포털은 출처가 없는 불명확한 정보가 많으므로 권하지 않는다)의 사이트를 활용해도 좋다. 특히 국토교통부에서 분기마다 제공하는 항공산업분석에 대한 자료와 각 증권사에서 배부하는 항공사 기업분석 자료들은 꽤 유용하게 활용할 수 있다. 또한, 대한항공이나 아시아나항공처럼 규모가 있는 기업들은 〈지속가능경영보고서〉를 해마다 발행한다. 회사 경영진의 결재가 필요한 공신력 있는 자료이기 때문에, 기업을 분석하는 학생들은 〈지속가능경영보고서〉를 활용해 공부하기 바란다.

정리하면, 지원동기에는 '① 회사가 잘하는 것을 언급하고(200자), ② 경험담을 통해 회사가 잘하는 것을 나도 잘한다는 점을 강조하고(200자), ③ 회사와 나의 지향점이 같으므로 이 회사에 꼭 들어와야 하며, 입사 후에는 모든 역량을 발휘해 회사에 도움이 되는 사람이 되고 싶다(100자).'로 마무리 한다.

② 본인의 성격, 특징을 표현할 수 있는 단어 3개, 그런 특성이 형성되는 데 영향을 미친 경험에 "팀워크"와 "소통"을 넣어 문장을 만들 수 있다. 이 문제는 한 마디로 "자기소개"를 해보라는 것이다. 우리가 면접에 참여하는 이유는 딱 한 가지다. 그 회사에 취업하기 위해. 그런 자리에서 자신은 진실한 사람이라는 걸 강조하기 위해 단점까지 줄줄이 나열하면 어떻게 될까? 본인 마음이야 편하겠지만 합격을 장담할 수는 없다. 자기소개서를 쓸 때나 면접 과정에선 어느 정도의 과장과 포장이 필요하다.

입사지원서 양식 중에는 외국어 실력이나 컴퓨터사용능력을 상, 중, 하로 나눠 지원자 스스로 표기할 수 있게 만들어진 것이 있다. 이때 솔직하게 '하'에 동그라미를 치는 사람들이 있는데, 물론 그 마음은 이해한다. 자신의 실력을 부풀렸다가 혹시라도 면접관에게 들킬까 봐 걱정될 것이다. 하지만 면접관 입장이 되어 생각해보자. 모든 사람이 '상'에 동그라미를 쳤는데 한 명만 '하'에 동그라미를 그려놨다. 당연히 서류검토에서부터 다른 지망생들과 상대적으로 차이가 날 수밖에 없다. 따라서 자기소개서를 작성할 때 자신의 실력을 어느 정도 과장하는 것은 괜찮다. 단, 듣지도 보지도 못한 경험담을 만들어내는 건 안 된다. 경험담은 면접관의 추가 질문(꼬리를 물고 늘어지는 질문)에 쉽게 들통날 수 있다는 것을 명심하자. 또한 많은 학생들이 하는 실수 중 하나가 바로 자기소개를 할 때 단순히 나열식으로 자기소개를 하곤 한다. 자기소개를 쓸 때 단순 나열식으로 작성하는 것은 절대 권하지 않는다. 아래의 예시를 함께 확인해보자.

[나열식 자기소개서의 예]

저는 26살이며, 다양한 경험을 가지고 있습니다. 학교에서 호텔경영을 전공했고, 레스토랑에서 3년간 아르바이트를 하며 서비스 경험을 쌓을 수 있었습니다. 아르바이트를 할 때 조주기능사 자격증을 취득해 식음료와 관련된 지식도 쌓을 수 있었습니다. 또한, 다양한 사람들과 함께 근무하면서 진정한 팀워크가 무엇인지 배울 수 있었습니다. 이처럼 저는 K 항공의 인재상에 적합한 팀워크와 다양한 서비스 정신으로 무장된 준비된 인재입니다.

위와 같이 있는 사실을 그대로 나열하는 것은 면접관의 이목을 끌 수 없다. 좋은 자기소개서는 자신의 경험이 담긴, 스토리가 들어있는 자기소개이다.

저는 팀워크의 중요성을 알고 있는 인재입니다. 레스토랑에서 다양한 연령의 동료들과 근무했고, 이들과의 대화를 통해 팀워크가 얼마나 소중한지 배울 수 있었습니다. 지난 크리스마스에 저희 매장은 온종일 바빴습니다. 각자 담당한 테이블에 서비스하는 것도 버거울 정도였지만, 매장 직원들은 자신의 테이블 뿐 아니라 옆 동료의 테이블도 함께 챙기며 일했습니다. 또한, 바쁜 와중에 동료가 건네준 물 한잔은 운동이 끝난 후 마셨던 맥주처럼 무척 시원했습니다. 이처럼 레스토랑 경험을 통해 팀워크의 소중함을 알고 있는 지원자, 고민환입니다.

③ **서비스, 마케팅 전략 중 개선해야 할 부분, 또는 입사 후 추가하고 싶은 서비스, 마케팅 전략**에는 "창조"와 "신세대"를 넣어보자. 모든 지원자들이 답변을 만들기 어려워하는 질문일 것이다. '뭔가 대단한 것'을 써야 한다는 중압감이 느껴질지도 모른다. 다시 면접관의 입장이 되어보자. 회사나 면접관은 특별하고 엄청난 아이디어가 필요해서 이런 질문을 하는 걸까? 이미 회사 안에는 기내 서비스와 마케팅을 전문적으로 연구하는 인력이 있다. 또한 비행기를 주로 이용하는 승객들의 피드백이 훨씬 현실적이고 효율적일 것이다. 이걸로도 부족해서 지원자의 의견을 묻는 게 아닐 것이다. 또한 지원자들이 말하는 모든 아이디어는 이미 시도해봤거나, 진행 중이라고 생각해도 좋다. 이 질문의 의도도 지원자가 얼마나 회사에 관심 있는지 살펴보기 위한 것이니, 거창한 답을 찾기 위해 고민하지 않아도 된다.

이 문제에 접근하는 가장 좋은 방법은 회사에서 현재 어떤 서비스를 하는지 찾아보는 것이다. 현재의 서비스를 더 발전시킬 방안을 제시하거나 반대로 현재의 서비스에서 단점을 찾아내면 면접관의 관심을 얻을 수 있다. 비행기를 타 보지 않아 어떤 서비스를 어떻게 하는지, 단점은 무엇인지 확인할 수 없다면 유튜브나 블로그에서 쉽게 정보를 얻을 수 있다(이 방법의 단점은 대부분 지원자가 알고 있고, 사용한다는 것이다). 팁을 하나 공개하자면, 유튜브나 블로그를 검색하는 대신 전문 여행 사이트에서 지원하는 회사를 찾아보는 것이다. 트립어드바이저나 익스피디아, 비즈니스 트래블러 같은 해외 사이트에 게시된 피드백을 자기소개서나 면접장에서 활용해보자. "제가 트립어드바이저에서 에어서울의 사용 후기를 검색한 결과…"라고 말하면 여러분을 바라보는 면접관의 시선이 달라질 것이다. 공신력 있는 사이트를 활용하고, 출처를 밝히며 내용을 언급한다면 수많은 지원자 중에서 단연 돋보일 수 있을 것이다. 남들과 차별화되는 방법은 의외로 가까운 곳에 있다.

④ **스트레스를 관리하는 방법**에는 "긍정"이라는 키워드를 넣어 답변을 만들어보자. 마지막 질문에는 어떤 방법으로 접근할까? 앞에서 반복했듯 '이런 걸 왜 묻는지' 우선 파악해야 한다. 이 질문의 의도는 회사에 입사해서 스트레스 상황에 놓였을 때, 어떻게 해결할지를 판단하려는 것이다(실제로 승무원이라는 직업은 스트레스를 받는 상황이 자주 발생하지만, 받아들이는 사람에 따라 스트레스일 수도, 아닐 수도 있다). 일단 이 문제를 해결하기 위해선 현재 자신의 스트레스 해소법을 쓰도록 하자. 특히 기내에서 사용할 수 있는 방법이면 더 좋다. 대부분 사람들이 이 질문에 '주말에 운동을 한다'거나 '주말에 맛있는 음식을 먹으러 간다'라

고 대답한다. 그보다는 기내에서 스트레스 상황에 놓이게 될 것을 대비해 그 자리에서 바로 해소할 수 있는 방법을 말하는 게 좋다. 예를 들면 시원한 "얼음 음료를 마시며 스트레스를 해소한다거나, 화장실에서 잠시 숨을 돌리며 스트레스를 해소한다"와 같은 바로바로 스트레스를 해결할 수 있는 방법이 좋다.

지금까지 어떤 키워드를 정해 어떻게 자기소개서를 써야 할지 살펴봤다. 위의 예시처럼 각 문항에 넣을 키워드를 정하고, 어떤 스토리를 접목할지 생각해보자. 여기서 말하는 스토리는 '여러분의 경험' 바로 스토리텔링을 의미한다. 스토리텔링의 기본은 마인드맵이다. 〈위키백과〉에서는 마인드맵을 "마치 지도를 그리듯이, 자신이 여태까지 배운 내용이나 자기 관리 등을 할 수 있는 방법"이라고 설명한다. 영국의 언론사에서 일하던 토니 부잔이 주장한 이론으로, "지도를 그리듯 기록을 하면 시야가 넓어지고, 적는 습관은 인간 두뇌의 종합적인 사고를 키워준다"고 말했다. 이처럼 마인드맵을 작성하는 방법은 자기소개서에 필요한 스토리를 만드는 데 큰 도움이 된다.

다음 그림처럼 자신의 인생 마인드맵을 그려보자. 이때 기본 키워드는 해당 항공사의 인재상 또는 기업문화로 설정하는 것이 좋다. 항공과 입시에서도 동일하다. 예를 들어, 에어서울의 기업문화에는 "소통, 배려, 긍정, 창의, 도전"과 같은 키워드가 들어있다. 이를 활용해 다양한 사례를 작성할 수 있다. 먼저 과거의 경험을 정리해 각 문항과 가장 잘 어울릴만한 에피소드를 하나씩 정한다. 제시되는 문항 수에 맞춰 각각 다른 이야기를 해야 한다(에어서울의 경우 질문이 네 개이므로 네 개의 에피소드를 만들면 된다). 한 분야에서 오래 일하거나, 경험이 부족하다면 하나의 에피소드를 두 개의 질문에 사용해도 된다. 하지만 내내 겹치는 경험만을 말한다면 면접관은 '경험이 부족한 사람'으로 생각할 수도 있다.

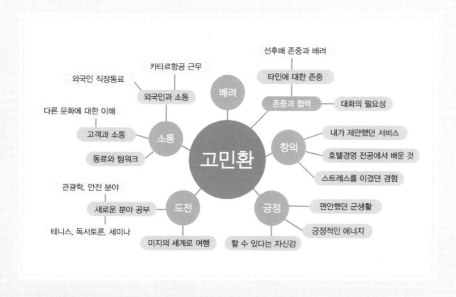

카타르항공의
실제 면접 절차 예시

· 출처 : http://komini00.tistory.com
· 작성 일자 : 2007년 10월 1일

후배들에게 도움이 되길 바라며 2007년 면접장으로 다시 돌아가 본다. 이 면접 후기는 ① 미친 듯이 웃어라, ② 디스커션, ③ 자신감, ④ 그루밍, ⑤ 최종 인터뷰로 나누어봤다. 다섯 가지를 중점으로 내용을 살펴보면 도움이 될 것이다. 또한 당시 내 스펙은 아래와 같이 특별하지도 모자라지도 않게 '평범'했다.

> **고민환**
>
> – 국적 : 대한민국 / 성별: 남 / 나이: 27세 / 학력: 대졸(4년제, 호텔경영학 전공)
>
> – 기타 : 군필, 파트타임 경험 많음, 유학 경험 없음, 신체 건강
>
> – 항공사 취업 준비 기간 : 6개월

미친 듯이 웃어라

모든 합격수기를 읽어보면 항상 나오는 말이다. 승무원에게 미소는 필수라는 것도 알고, '왜' 필수인지도 이해하지만 스튜어드 지원자도 치아가 보일 만큼 웃어야 할까? 어색한 웃음이라도 굳이 유지해야 할까? 방정맞아 보이거나 오해를 부르지 않을까? 라는 생각이 들 것이다. "미친 듯 웃으라"는 말의 의미는 상대방에게 '나는 너를 좋아해, 내 마음을 받아줘'라는 메시지를 보내라는 뜻이다.

남자들의 소개팅을 예로 들어보자. 하루에 두 명의 여성을 만나보기로 했다(어디까지나 가설이다). 처음에 만난 A양은 평범했다. 크게 부담 갖지 않고 대화를 시작했다. 대화 내내 A양은 시선을 맞추며 웃어주고, 내가 무슨 말을 하는지 눈을 반짝이며 귀 기울였다. 간간이 손뼉까지 치며 크게 웃는다. A양 앞에선 나도 모르게 말이 많아지고 자신감이 생겼다. 마음도 편하고, 시간은 왜 이리 빨리 흐르는지. 헤어질 시간이 되자 아쉬운 마음이 들었다.

두 번째로 만난 B양은 첫눈에 반할 만큼 매력적이었다. 평소 상상해온 이상형이었다. A양에게 했던 것처럼 자신 있게, 편한 마음으로 대화를 시작했다. 그런데 B양은 대화 내내 핸드폰을 보거나, 두리번거리거나, 같은 질문을 반복하거나, 화장실을 들락거리는 등 나와의 대화에 집중하지 않았다. 나의 질문에 대답도 하지 않고 시큰둥한 표정으로 날 바라봤다. 마음이 불편해져 빨리 집에 가고 싶다는 생각이 들었다.

A양과 B양의 차이가 무엇인지 느껴지는가? 승무원 지망생은 면접 자리에서 A양 같은 사람이 되어 면접관을 편안하게 만들어야 한다. 그게 합격의 지름길이다. 미소는 눈에 보이며, 사람을 편하게 만드는 힘이 있다. 면접관이 지원자에게서 찾고자 하는 모습이기도 하다. 따라서 승무원을 꿈꾼다면 꾸준한 미소 연습이 필요하다(유튜브에서 많은 미소 연습 방법을 찾을 수 있다). 나 역시 승무원 지망생 시절 지하철을 타면 유리에 비친 내 모습을 보며 미소 연습을 하곤 했다.

또한, 인터뷰를 할 때는 마음속으로 이미지트레이닝을 하자. 그 순간만큼은 상대방을 면접관이 아닌 여자친구라고 생각하며 면접을 보자. 대화 내내 시선을 맞추고 고개를 끄덕이며 상대방의 말에 호응하자. 면접에선(특히 승무원 면접에선) 잘 웃는 사람이 승리한다.

디스커션

많은 학생들이 디스커션에 정답이 있다고 생각하지만 사실 디스커션엔 정답이 없다. 재미있는 사실은 이 디스커션 문제가 토씨 하나 바뀌지 않고 몇 달~몇 년간 전 세계를 돌고 돈다는 것이다. 그렇다면, 왜 항공사 면접관들은 매번 같은 문제로 지원자들을 시험할까? 새로운 문제를 개발하는 게 귀찮은 것일까? 아니면 지금까지 전 세계에서 누구도 이야기한 적 없는 독창적이고, 아름다운 대답을 기다리는 것일까?

디스커션엔 정답도 없고, 누가 무슨 말을 하든 답변의 내용도 중요하지 않다. 디스커션의 목적은 지원자가 조직 내에서 구성원들을 어떻게 대하고 말하는지 '태도'를 중심으로 살펴본다. 지원자의 태도를 통해 구성원들과 잘 소통하며 어울릴 수 있는지 판단한다.

A양과 B양을 다시 등장시켜 보자. A양과 B양, 그리고 내가 같은 항공사에 입사해 디스커션 과정에서 한 조로 만났다. A양은 영어 실력도 평범했다. 하지만 과정 내내 나의 말에 호응하고 웃으며 맞장구친다. 내 말에 집중하기 위해 아예 몸을 내쪽으로 가까이하고 앉아있다. 순간 '나한테 관심 있나?'라는 착각마저 들었다. B양은 영어 실력이 뛰어났다. 원어민 수준의 발음에 무척 어려운 단어도 아무렇지 않게 구사했다. 하지만 내가 작은 목소리로 이야기하거나 말을 조금 더듬으면 눈을 동그랗게 뜨고 이해할 수 없다는 표정을 지었다. 내가 말을 할 때마다 찡그린 표정에 가끔씩은 내 말을 자르기도 했다.

면접관이라면 A양과 B양 중 누구를 뽑을까? 통역사 면접이었다면 고급 영어를 구사하는 B양이 훨씬 유리했을지도 모른다. 하지만 12시간 넘게 승객의 안락함을 책임져야 하는 승무원으로는 어울리지 않는다. 이런 점을 유념해 디스커션에 참여하면 좀 더 부드러운 분위기를 유지하며 모든 조원에게 도움이 되는 결과를 얻을 수도 있다.

리더십 있는 사람처럼 보이기 위해 아는 지식을 쉴 새 없이 쏟아내거나 과한 몸짓과 표정을 남발해도 좋은 이미지를 줄 수 없다. 디스커션에서 가장 좋은 태도는 상대방 말에 귀 기울이기, 호응하기, 미소 유지다. 굳이 리더십을 발휘하고 싶다면 타임체커(시간 요정) 역할 정도만 하자. 시간이 얼마 남지 않았을 때, '얘들아, 너희 의견 모두 좋은데 시간이 1분 남았어. 이제 결론 내려야 하는 거 아니야?'라는 예의 있고 센스 넘치는 말 한마디로 면접관의 주목을 받을 수 있다.

자신감

면접에서 가장 필요한 것을 꼽으라면 대부분 사람들이 "자신감"을 말할 것이다. 앞에서 나의 첫 면접과 관련된 이야기를 했었다("연예인을 본 적이 있느냐?"는 질문에 아무 대답도 못한 것. 뒤늦게야 배우 한가인이 후배라는 사실이 떠오른 일). 이처럼 자신감 없이 면접을 본다면 평소에 잘 아는 내용일지라도 우물쭈물하다가 끝나버릴 수 있다. 나의 경우 자신감을 키우기 위해 이미지트레이닝을 많이 했다. 머릿속에 인터뷰장을 그려 넣고 실제 면접을 상상하는 것이다. 자칫 공상처럼 보일지 몰라도 반복하다 보면 습관처럼 굳어져 실제 면접 시 큰 도움이 된다.

수영 선수 마이클 펠프스 역시 이미지트레이닝을 잘 활용한 선수로 손꼽힌다. 다음은 찰스 두히그의《습관의 힘》중 일부분이다.

> "펠프스는 어린 시절 감정 기복이 심한 아이였다. 하지만 펠프스의 긴 상체와 큰 손을 보고 펠프스가 수영에 적합한 신체적 조건을 타고났다는 것을 알고 있던 코치 바우먼은 펠프스가 강한 정신력을 갖출 수 있게 이미지트레이닝을 통한 습관을 심어주었다. 매일 저녁 펠프스는 그날 풀장에서 연습했던 자신의 레이스를 사소한 하나하나 머릿속으로 다시 반복하

는 이미지트레이닝을 실시하였다. 펠프스는 수영장에 뛰어들어가는 모습부터 물을 가르는 느낌까지 모든 상황을 이미지 속에 단련시킬 수 있었다…. 그리고 3년 뒤 벌어진 베이징 올림픽. 펠프스는 베이징 올림픽에서 아무 생각 없이 습관적으로 레이스를 시작했다. 중간에 물안경이 침수되어 앞이 보이지 않았음에도 불구하고, 이미지트레이닝에서 몸에 익힌 대로 습관처럼 21번의 스트로크를 마치고 터치판을 누르자 그의 이름 옆에 'World Record' 라는 글자가 뜨는 것을 볼 수 있었다."

한국을 자주 찾는 면접관의 얼굴을 미리 봐 두는 것도 방법이 될 수 있다(면접관의 사진은 구글에서 쉽게 찾을 수 있다). 나 역시 카타르항공의 한국 담당 면접관 사진을 구글에서 찾아내 이미지트레이닝에 활용했었다. 면접관 사진을 확대해 컬러프린터로 뽑아 동생 얼굴에 가면처럼 씌워놓고 연습하는 식이었다. 또한 면접관이 환하게 웃는 사진을 컴퓨터 바탕 화면에 깔아두기도 했다(화면 속의 면접관은 "min! pass!"라고 외치고 있었다. 물론 내가 포토샵으로 만든 사진이었다). 나는 컴퓨터를 켤 때마다 나에게 합격 소식을 전하는 면접관을 만날 수 있었다. 지성이면 감천이라 했던가. 실제 이차면접에서 사진과 똑같은 옷을 입은 그 면접관을 만나게 됐고, 속으로 크게 외쳤다. '합격이다!'.

또 다른 방법으로는 외국인 또는 외국에서 살다 온 친구와 영어 인터뷰를 연습하는 것이다. 나는 최종 면접 10일 전부터 하루에 한 시간 이상 외국인 친구와 인터뷰 연습을 했다. 가장 좋았던 점은 한국인은 많이 사용하는데 외국인은 이해하지 못 하는 영어 표현을 고칠 수 있었다는 것이다. 또한, 나는 질문에 대한 답변을 길게 하는 편이었는데, 마치 외워서 말하는 것 같다는 지적을 받고 문제점을 고칠 수 있었다.

면접관과 나의 공통 관심사를 찾는 방법도 있다. 앞서 말했듯 면접을 진행할 때 대부분 같은 면접관이 한국을 찾는다. 담당 면접관의 개인적인 성향을 알아낸다면 면접 시 큰 도움이 된다. 이럴 때는 온라인 커뮤니티를 통해 이미 면접을 봤던 사람들의 도움을 받는 게 좋다. 나 역시 카타르항공 면접 전에 한국 담당 면접관의 성향과 좋아하는 가수, 출신 지역 등을 묻는 글을 온라인커뮤니티에 올린 적이 있다. 이처럼 본인이 원하는 회사의 정보를 찾다 보면 생각지도 못한 자료도 얻게 된다. 한번은 카타르항공의 내부 문서(대표 보고용으로 추정)를 찾은 적도 있었다.

타 합격자들 수기 보기

나는 면접 전에 모든 외항사의 합격 수기를 전부 출력했다. 중요한 부분은 따로 요약해 보고 또 봤으며, 기존에 나왔던 모든 질문에 나만의 답변을 만들었다. 꼬리를 물고 이어질 질문을 또 만들어 그에 대한 답변까지 준비했다. 기출문제 확인에만 그치지 않고 수기에 나온 면접장의 모습을 머릿속에 그려 내가 면접 보는 상황을 이미지트레이닝 했다. 이미지트레이닝을 하는 데 합격 수기만큼 도움이 되는 것도 없다.

그루밍

그루밍은 스튜어드에게도 아주 중요하다. 화장품 모델처럼 잡티 하나 없는 피부여야 하는 건 아니지만, 대다수의 승무원들은 피부가 좋은 편이다. 조금 과장하자면 "피부 하나는 타고났네"라는 말을 아침 인사처럼 듣는 승무원도 많다. 실제로 이미지 메이킹 수업을 듣다 보면 뛰어난 외모보다 중요한 게 피부라는 점도 강조한다. 건강한 피부는 승무원의 이미지를 형성하는 데 큰 도움이 된다. 단, 여러 인종을 채용하므로 피부색은 상관없다.

최종 면접

다음은 카타르항공 면접 당시, 면접장에서 오갔던 대화 내용이다. 등장인물은 나(이하 민)와, 이집트 국적의 면접관 페일(이하 페), 스리랑카 국적의 면접관 프리야(이하 프)다. 면접은 당연히 영어로 진행됐고, 최대한 비슷하게 한국말로 옮겼다. 어떤 식으로 면접이 진행되는지, 어떤 말이 오가는지 참고하면 도움이 될 것이다.

페 오늘은 너한테 여행 이야기 많이 물어 볼 거야. 괜찮지?

민 좋아. 나 사실 얼마 전 미국 갔다 왔거든. 그래서 아직도 머릿속에 생생해.

페 그래? 미국 어디가 좋았어?

민 샌프란시스코! 왜냐면 금문교 때문에. 나 미국 가기 전에 인터넷에서 금문교 사진 되게 많이 찾아봤거든. 엄청 기대됐어. 커다란 빨간색 다리, 안개, 영화 배경지…. 특히 다리 밑에서 자전거 탔던 게 기억에 남아. 난 우리 어머니와 커플 자전거 탔었는데 정말 행복했어.

페   와! 정말 좋았겠다. 그런데 넌 여행 가서 문제가 생기면 어떤 식으로 해결하니?

민   문제? 글쎄…. 난 워낙 여행을 좋아해서 전부 신나고 신기한 경험뿐이었어. 아직 까지는 문제 생긴 적이 없었는데? 그리고 난 외국인 친구가 많아서, 여행 전에 친구들에게 조언을 듣고 가. 아니면 인터넷에서 찾아보거나. 그래서 여행 중 특별한 문제를 겪은 적은 없어.

페   그래? 그래도 한 번쯤은 예상치 못한 일들이 있었을 거 아냐? 그런 적 없었어?

잠깐! TIP★ 위 상황처럼 "스토리"를 얘기하지 못하면, 면접관은 스토리가 나올 때까지 유도한다.

민   예상치 못한 거? 있었어. 많았지! 특히 화장실!

페   화장실?

민   맞아. 화장실. 미국 화장실은 바닥 부분이 뚫려있잖아. 밖에 있는 사람이 조금만 몸을 숙여도 내가 보일 것 같아. 그래서 처음에 화장실에 앉았을 때 너무 불안하고 부끄러웠어. 마치 화장실 문을 열어놓은 것처럼 느껴져서. 너도 알겠지만 한국 화장실은 완전히 막혀있거든. 그게 정말 쇼킹(It was shocked)했어.

잠깐! TIP★ 'It was shocked'이라고 말하는 순간 프리야가 노트에 무언가 적는 것을 보았다. 면접에 정답은 없지만 "쇼킹"과 같은 단어는 부정적인 인상을 남기므로 사용하지 말자. 면접에서는 긍정적인 단어를 사용하고, 부정적인 것은 최대한 긍정적으로 순화해 표현하는 것이 중요하다.

프   맞아 맞아! 한국 화장실은 문이 커서 모두 막혀있잖아.

잠깐! TIP★ 면접 내내 말 한마디 없던 프리야가 처음으로 맞장구를 치며 웃었다. 이처럼 작은 소재라도 모두의 공감을 살 수 있다.

페   혹시 외국에서 일해본 적 있어??

민   일한 적은 없어. 외국은 여행하기 위해 가본 게 전부야. 근데 지금은 미군부대에 있는
    칠리스에서 일하고 있어.

페, 프   와! 칠리스?

민   칠리스 알아?

페   나 칠리스 좋아해!

민   미군부대 안에도 있거든. 나 거기서 일해. 내가 만나는 손님들 전부 외국 사람이고.
    보통 미국인이나 필리핀 사람들. 외국에서 일한 적은 없는데, 칠리스에서 일하다 보
    니 외국에서 일하는 것처럼 느껴져. 똑같다고 생각해.

페   그렇네? 그럼 네 동료들도 다 외국인이야?

민   응. 한국인도 있는데 거의 다 외국 사람들이야.

페   칠리스에서 일하면서 힘들었던 적은 없었어?

민   당연히 없어. 난 거기서 일하는 게 너무 재밌고 좋아.

페   그래도 힘들거나 신경 쓰이는 일이 가끔은 있을 것 같은데?

민   아주 가끔. 조금 힘들 때는 있어

페   언젠데?

민   나 손님들이랑 얘기하는 거 좋아하는데 가끔은 손님들이 내가 할 수 없는 걸 요구할
    때가 있어. 그럴 때 조금 힘들어.

페   예를 들면?

민   회사규정에 어긋나는 걸 자꾸 요구할 때. 정말 난감해.

페   좀 더 자세히 말해줄 수 있어?

민 응. 얼마 전 칠리스에 이미 취한 커플이 왔는데, 술을 달라는 거야. 그런데 딱 봐도 십

대처럼 보였거든. 그래서 난 손님에게 신분증을 달라고 했어. 근데 신분증이 없었는

지, 아니면 나이가 어렸는지 신분증 없이 술을 계속 요구했어. 나중엔 소리까지 질러

대서 매장이 시끄러워졌지.

폐 그래서 어떻게 해결했어?

민 일단 요구를 못 들어줘서 미안하다고 사과했지. 그리고 다른 무알콜 음료를 마시라고

제안했어. 다행히 한 명이 무알콜 칵테일을 주문해서 상황이 종료됐지만 정말 난감

했어.

폐 맞아. 먼저 사과하고 얼터너티브를 제공하는 것은 좋은 서비스 기술 중 하나야. 너는

회사의 규정이 중요한 걸 알고 있네? 그럼 왜 룰이 중요하다고 생각하니?

민 룰이니까 중요하지.

폐 맞아. 룰이니까 중요해. 근데 특별한 이유가 있을 거 아냐?

민 잠깐 시간 좀 줄래? 음…. 글쎄. 우리가 룰을 안 지키면 문제가 생기잖아.

폐 그래 그래서 룰은 꼭 지켜야 돼. 그럼 혹시 일하면서 룰을 어겼는데 결과적으로 누군

가에게는 도움이 됐던 상황이 있었어?

민 예전에 베니건스에서 일할 때 비슷한 경험이 있었어.

폐 얘기해 줄래?

민 하루는 저녁 주문이 다 끝난 후에 손님이 온 거야. 혹시 주문할 수 있냐고 물어보더라

고. 당연히 안 되는 건 알았는데, 손님한테는 '확인해 보겠다'고 말하고 주방에 가서

물어봤어. 그런데 역시 더 이상의 주문은 안 됐어.

폐 그 손님 완전 실망했겠는데?

민 당연하지. 엄청 배고파 보였거든. 그리고 나도 그 손님을 조금 이해할 수 있었어. 저녁 시간에 배고픈 게 얼마나 힘든지 알거든.

페 그래서 어떻게 됐어?

민 그 손님한테 사과를 하면서 물어봤어. 혹시 수프는 어떤지. 수프는 항상 요리가 되어 있어서 바로 준비할 수 있거든. 다행히 손님이 기뻐하면서 수프를 달라고 했어.

페 그래서 수프를 포장해서 줬어?

민 응. 수프를 포장해서 줬어. 영업시간이 끝나서 손님이 원하는 음식을 줄 수는 없었지만, 손님이 만족하며 돌아갔으니 아주 좋은 결과였다고 생각해.

페 그 손님 너한테 고마운 마음이었겠다. 너 정말 친절한 것 같아. 그럼 팀으로 일하면서 힘든 적은 없었니?

민 없었어. 나 팀으로 일하기, 친구 만들기 얼마나 좋아하는데…. (잠깐 생각하는 척하다가) 근데 예전에 브라이언이라는 내 동료 때문에 혼자 힘들어 했던 적이 있었어.

페 말해줄래?

민 칠리스 동료 중에 브라이언이라고 있어. 미국인이고 엄청 멋있어. 브래드 피트랑 좀 닮은 것도 같고. 그 친구가 성격도 좋고 다 좋은데 근무시간에 일은 안 하고 다른 동료랑 채팅만 하는 거야. 브라이언이랑 나랑 한 팀인데 브라이언이 놀면 나 혼자 브라이언의 책임구역까지 다 맡아 일해야 해. 그럼 속도가 느려지고, 대기 손님은 점점 늘어나. 그래서 그 일로 혼자 고민했던 적이 있어. 잘 해결할 방법을 찾으려고.

페 그래서 어떻게 했니? 브라이언한테 말했니?

민 처음엔 못 했어. 브라이언 마음 상할까 봐.

페 그럼 계속 참았어?

민 아니 그냥 간접적으로 얘기했어. 나 좀 도와달라고. 처음엔 좀 듣는 듯하더니 얼마 안

가서 다시 예전으로 돌아갔어.

페 정말 힘들었겠다. 그래서?

민 말할 타이밍을 기다렸어. 그런데 하루는 브라이언이 나한테 자기 집에 있는 컴퓨터를

고쳐달라고 하는 거야. 좋은 기회다 싶었어. 그날 브라이언 집에 가서 컴퓨터를 고쳐

주고 얘기했지. '브라이엔! 나, 너 정말 좋아해. 우리는 정말 좋은 팀이야. 그런데 일할

때 네가 조금 더 집중해 주면 좋겠어. 그래야 손님들도 우리도 좀 더 편해지지 않을

까?'라고.

페 그래서? 브라이언 행동에 변화가 있었어?

민 뭐, 일단은 성공이었어. 그런데 시간이 지나니까 다시 예전의 브라이언이 됐어.

페 그래? 지금은 어때? 여전히 똑같니?

민 비슷해. 근데 이제는 괜찮아. 예전처럼 혼자 속상해하지도 않고. 왜냐면 브라이언이

날 신경 쓰고 있다는 걸 알거든.

페 그래? 좋은 팀이 되길 빌어. 그럼 마지막 질문을 할게. 혹시 문신이나 흉터 있니?

민 없어.

페 그럼 우리한테 물어볼 거 있니?

민 응. 난 운동을 좋아하는데 내가 혹시 합격하게 되면 거기에 크루를 위한 사내 동호회

같은 게 있어? 축구나 농구 같은 거.

프 안타깝게도 크루를 위한 건 없지만 네가 원한다면 만들 수는 있어. 네가 와서 한번

만들어봐.

2013년 다이어리 중 일부

승무원으로 근무한 지 7년. 지금까지 승무원으로서 내 삶은 어떠했을까? 다른 직종에 근무하는 친구들과 이야기하다 보면 '자신이 좋아하는 일을 하는 게 정말 어렵다'고 말한다. 하지만 난 그 반대다. 난 지금까지 내가 좋아하는 일을 해 오고 있다. 물론 나도 승무원이라는 직업을 택하기 전까지 이 직업이 이토록 적성에 맞을 줄은 생각도 하지 못했다. 하지만 경험할수록 재미있는 것이 승무원이라는 직업이다.

승무원에 대해 잘 모르는 사람들은 "승무원은 젊은 사람들만 하는 직업'이라고 말한다. 어느 정도 사실일 수 있다. 나이 들고, 체력이 달린다면 힘든 직업이다. 나역시 가끔은 같은 이유로 고민했던 적이 있으니까. 하지만 인생의 목표를 정하고 나니, 나에게 승무원은 단순히 젊은 시절에만 할 수 있는 직업이 아닌 자아를 실현할 수 있는, 인생의 가장 큰 목표를 달성하게 해 줄 하나의 과정이 되었다.

"나의 꿈은 항공경영분야에서 세계적으로 인정받는 전문가가 되는 것이다. 그리고 학교로 돌아가 후배들을 양성하고, 전 세계의 항공분야를 공부하는 학생들에게서 가장 많이 인용되는 논문을 쓰는 것이다. 현재 3학기째인 대학원 생활. 앞으로 남은 학기는 더 알차게 보내서 그 누구보다 특색있고, 실생활에 도움이 되는 논문을 쓰고 싶다."

2013년 다이어리에 적으며 다짐했던 내용 중 일부다. 2018년 3월 현재, 5년 전 내가 세웠던 목표는 전부 달성하였다. 나는 전 학기 성적 장학금을 받으며 대학원

석사과정을 마쳤고, 현재는 우리나라 최고의 관광학과에서 박사과정을 듣고 있다. 또한, 항공서비스학과 교수가 되어 학생들에게 승무원 지식 뿐만 아니라 목표 달성을 위한 동기부여의 소중함에 대해 가르치고 있다. 국내 최초로 'SNS가 승무원 취업에 어떤 연관성이 있는지'에 대한 연구를 진행해 국내 등재학술지에 등록하기도 했다.

좋아하는 일을 하다 보면 그 분야의 전문가가 되고, 전문가가 되면 그 분야를 더 파고든다는 사실을 내 인생을 통해, 승무원이라는 경험을 통해 배웠기 때문에 나는 자신 있게 여러분에게 이야기할 수 있다.

자신이 좋아하는 일을 하라. 책상에 앉아서 공부만 해야 꿈을 이루던 시대는 지났다. 꼭 승무원이 아니더라도 자신이 좋아하는 분야를 정해 꾸준히 관심 갖자('꾸준히'가 중요하다). 그러다 보면 좋아하게 되고, 좋아하다 보면 잘하게 된다. SNS를 좋아하다 보니 잘하게 되고, 그러다 보면 페이스북 사에 입사하게 될지 누가 알겠는가?

당신의 꿈은 무엇인가? 무작정 꿈만 꾸며 시간을 낭비하고 있진 않은가? 지금부터라도 천천히 하나씩 시작하면 된다. 그러다 보면 어느 순간 꿈에 그리던 모습과 닮아 있는 자신을 발견하게 될 것이다. 생각만 하고 실천하지 않는다면, 아무것도 이룰 수 없다. 다이어리를 꺼내서 적고, 목표를 생각하면서 실천하자. 실천하는 순간 꿈은 현실이 된다.

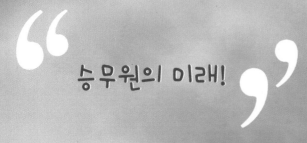
승무원의 미래!

스튜어드를 하면서 발견한 새로운 꿈

나는 살면서 네 번의 결정적 순간이 있었다. 인생의 큰 틀을 바꿨다고 해도 과언이 아닌데, 정리하자면 다음과 같다.

> ① 서비스업을 경험하고 이해할 수 있었던 베니건스 아르바이트
> ② 호텔경영학과를 선택할 수 있었던 재수 기간
> ③ 불안한 채용시장에서 항공사만 목표로 취업 준비를 한 것
> ④ 교육자로서의 길을 열어준 대학원

여러분이 20살 정도 되었다면 아마 지금까지 했던 여러 가지 선택 중 가장 큰 결심은 대학 선택이 아니었을까 싶다. 나 역시 마찬가지였다. 서비스라는 경험을 통해서 나는 승무원이라는 세계에 다가설 수 있게 되었다. 내가 대학 입시를 준비하던 시절 레오나르드 디카프리오 주연의 〈The beach〉라는 영화를 보면서 '왠지 호텔경영을 공부하면, 영화처럼 꿈같은 환상의 섬에서 살 수 있지 않을까'라는 생각을 했다. 이공계를 전공한 아버지는 "남자는 기술"이라고 말씀하셨지만, 어머니는 "네가 좋아하는 일을 공부하면서 사는 것도 재미있을 것 같다."라고 얘기해주셨기에 결정을 내릴 수 있었다.

내가 학교를 들어간 2000년대는 서비스라는 학문 자체가 낯선 상황이었다. 지금처럼 승무원이 되기 위해 들어가는 항공과는 당연히 여학생들만 들어가는 과였고, 내가 선택한 호텔경영학과도 대다수는 여학생들이었다. 그곳에 몇 안 되는 남학생으로 나는 학창시절을 보냈다. 1학기는 평범한 나날이었다. 학교 축제도 가고, 캠퍼스 커플도 해 보고, 도서관에서 공부하다가 잠도 자고…. 그러다가 시작하게 된 것이 패밀리 레스토랑 '베니건스' 아르바이트였다. 내 인생의 "신의 한 수"가 바로 이때가 아닐까 싶다. 이 결정을 계기로 내 인생은 많이 변했다. 당시, 전공과 관련된 아르바이트를 찾던 중 당시 뜨고 있던 '패밀리 레스토랑'을 인터넷에서 찾게 되었다. 대학로에 국내 1호점으로 생겼던 베니건스. 외국 체인이기에 외국의 시스템을 그대로 갖춘 레스토랑. 거기에서 배운 모든 것이 새로웠다. 서버들은 고객 앞에서 무릎을 굽히고 앉아 눈높이를 맞춘 상태에서 주문을 받는다. 생일인 고객에게 생일축하 노래를 불러주고, 핼러윈데이엔 파티를 한다. 또한, 외국 체인이었기 때문에 매장의 서비스며 레시피 매뉴얼도 모두 정해져 있다는 게 너무 신기했다. 지금은 거의 모든 레스토랑에서 사용하는 시스템이지만 당시엔 파격적인 일이었다.

베니건스에서 일할 때 나는 일을 즐기는 아르바이트생으로 유명했다. 당시 우리 매장엔 스위스 호텔학교로 유학을 다녀온 우리 학과 선배가 매니저로 근무하고 있었다. 이 선배가 추천해 준 책 한 권이 내 인생에 큰 영향을 끼쳤는데 《Service that sells》라는 책이 었다. '매장에서 고객에게 서비스를 제공할 때 어떻게 하면 가장 큰 만족을 주며, 매출을 올리며, 나의 가치까지 동시에 끌어올릴 수 있을까'라는 문제를 동시에 해결해 줄 책이었다. 나는 이 책에 나온 각종 서비스 기법과 이론을 매장에서 경험으로 실천했다. 스페셜 음료, 메뉴 판매 콘테스트 매장 1위(3년 연속), 당시 최저 시급이 3천 원일 때 홀로 6천 원을 받으면서 일을 하고, 매장 전 직원을 대상으로 교육까지 실시하게 되었다. 베니건스에서 일하는 게 즐거워 오전엔 학교에서 수업을 듣고, 오후엔 대학로로 직행해 진정한 서비스 경험을 쌓을 수 있었다. 심지어 매장이 쉬는 날에도 '빨리 매장가고 싶다'라는 생각이 들 때가 한두 번이 아니었다. 시간이 지나고 카타르항공에 입사해 근무할 때에도 쉬는 날 '빨리 비행가고 싶다'라는 생각이 들었던 이유는 내가 진정으로 서비스를 좋아하고, 즐기는 사람이라 그랬던 것 같다.

나는 4년간 학교를 다니며 동시에 베니건스에서 졸업하는 해까지 일을 했다(나는 ROTC였기에 4년간 쉼 없이 학교를 다녔고 졸업 후에 군대를 갔다). 제대와 동시에 취업에 대학 걱정이 몰려왔다. 전공이 호텔경영이고, 내 적성 또한 서비스업에 맞는 것은 이미 알고 있었지만, 무엇을 해야 할지 감이 잡히지 않았다. 서비스 분야의 직업을 찾으려고 하니 호텔, 항공사, 여행사, 외식업체, 리조트 등 거의 모든 직업이 비슷한 것 같았다. 고민의 연속이었다. 그러던 중 하루는 버스를 타고 종로 토익학원을 가던 중 한 건물 위에 위치한 아시아나항공의 승무원이 나온 광고판을 볼 수 있었다. 승무원. 왠지 멋있을 것 같았다. '어차피 서비스직을 찾을 건데 기왕이면 여행을 많이 다닐 수 있는 승무원이 어떨까' 라는 생각이 들었다. 그때부터 승무원에 관심을 가지고 정보를 찾기 시작했다.

우여곡절 끝에 입사한 카타르항공에서의 생활은 내가 바라던 것 이상이었다. 하루하루 새롭고 즐거웠다. 쉬는 날에도 '비행 가고 싶다'라는 생각이 들었고, 이보다 더 나은 삶은 없을 것 같다는 생각이 들 정도로 행복했다. 비행을 하며 외국인 동료들을 만나고, 전 세계 문화에 대해 배우고, 승객들을 목적지에 내려준 후 나만의 DSLR을 들고 사진 찍으러 돌아다니는 날의 연속이었다. 이렇게 재미있는 인생이 또 있을까 싶었다. 나는 내 인생에서 가장 즐거웠을 때를 꼽으라면 '승무원으로 근무했을 때'라고 자신 있게 말할 수 있다.

그렇게 시간이 흐르고 5년 차 스튜어드가 되었다. 나는 꾸준히 블로그에 승무원의 삶에 대한 내용을 포스팅했고, 내 블로그를 드나드는 많은 승무원 지망생들도 내게 많은 질문을 했다. 심지어는 "선배님 블로그 보면서 승무원 준비했습니다. 꼭 뵙고 싶었어요." 라는 이야기를 거의 매 비행에서 후배들로부터 들을 수 있었다. 비행이 너무나 즐거웠지만, 나만 좋아서 하는 비행이 아닌, 누군가에게 가치를 주는 영향을 끼치는 일이 하고 싶었다. 항공사에서 승무원들을 가르치는 교관도 좋지만, 그보다 더 많은 사람들에게 유용하게 사용될 수 있는 사람이 되기로. 그렇게 대학원 과정을 시작하게 되었다. 물론 비행과 대학원 과정을 병행하는 게 쉽지는 않았다. 하지만 내가 실제 일하고 있는 내용을 수업에서 듣게 되고, 그것에 대해 발표를 하니 모든 수업이 쉬울 수밖에 없었다. 그래서 대학 때는 한 번도 받아보지 못한 장학금을 대학원에선 매 학기 최고 점수로 받을 수 있었다. "공부가 가장 쉬웠어요"라는 말을 체감하는 순간이었다.

비행을 관두고 지식공유의 소중함을 실천하기 위해 〈미소 짓는 승무원〉이라는 온라인 카페를 만들었다. "승무원 양성학원이나 과외에서 들을 수 없는 고급정보를 얻어서 너무 기쁘다"라는 댓글을 보고 혼자 즐거워하며 카페를 키워나갔다. 전국 각지의 대학으로 강의를 나가기 시작하면서 몸은 무척 피곤했다. 갓길에 차를 멈추고 쪽잠을 자야 할 정도였지만, 내가 아는 지식과 경험을 학생들에게 전달하는 게 너무 즐거웠다. 나와 지식을 공유한 학생들이 하나둘 승무원이 되는 것을 지켜보는 것도 무척 기쁜 일이었다. 합격했다는 메시지 하나에 기쁨의 눈물을 흘렸던 적도 한두 번이 아니다.

현재 나는 대학에서 학생들을 지도하며, 관광학 박사과정을 공부하고 있다. 바쁜 삶이다. 하지만 내가 꿈꾸던 삶이고, 이런 생활은 현재도 앞으로도 계속될 것이다. 승무원 지망생들과 이야기를 하다 보면 나를 롤모델로 여기는 친구들이 많다. 기분 좋지만 부끄럽기도 하다. 아직 다른 사람들의 롤모델이라는 이야기를 듣기에 너무나 부족하다고 생각하기 때문이다. 물론, 그런 지망생들의 마음에 힘을 넣어주기 위해서라도 더 열심히 하자고, 매일 스스로 다짐한다.

여러분의 꿈은 무엇인가? 아직 찾지 못했다면 가장 좋아하는 분야에서 꿈을 찾아보자. 관심 있는 일을 하며 꿈을 찾고, 경험을 쌓고, 끊임없이 공부하는 게 꿈을 실현할 수 있는 가장 좋은 방법이다.

날아라
내 꿈~☆